Classiques & Contemporains

Dénoncer les travers de la société

Présentation, notes, questions et après-texte établis par

Stéphane Maltère

Professeur de Lettres

MAGNARD

Sommaire

Présentation 5

Textes

MOQUER PAR LE PORTRAIT

Martial, *Épigrammes* 9

Roger de Bussy-Rabutin, « Portrait de Madame de Cheneville » 12

Molière, *L'Avare* 16

Jean de La Bruyère, « De l'Homme » 18

Marivaux, *L'Île des esclaves* 20

Touchatout, « Léopold II » 23

Moloch, « Émile Zola » 28

RAILLER L'HUMAIN

Nicolas Boileau, « Sur l'Homme » 30

Mark Twain, « La place de l'Homme dans le monde animal » 33

George Orwell, « Le discours de Sage l'Ancien » 41

Honoré Daumier, « Voyez M. Mayeux… » 45

LUTTER POUR LES DROITS DES FEMMES

Molière, *L'École des femmes* 46

George Sand, *Indiana* 47

Séverine, « Électeurs ! » 49

Isabelle Alonso, « Vous êtes féministe, c'est contagieux ? » 51

Philippe Geluck, « Boire dans des canettes... » 55

EN FINIR AVEC LA SOCIÉTÉ DE CONSOMMATION

Jacques Sternberg, « Le Credo » 56
Amélie Nothomb, *Acide sulfurique* 60
Sylvain Tesson, « Les porcs » 65
François Morel, « Comportements puérils » 76
Jean-Jacques Sempé, « Non à la société de consommation » 78

CRITIQUER LE POUVOIR

Montesquieu, « Le roi de France est vieux » 79
Victor Hugo, trois poèmes contre Napoléon III 81
Albert Millaud, « Le ministre en herbe » 89
Voltaire, « Abbé » 90
Victor Hugo, « Aux prêtres » 92
Roland Moisan, « Au musée !... le monarque » 94

COMBATTRE L'INJUSTICE

Jean de La Fontaine, « Les Animaux malades de la peste » 95
Voltaire, « Le nègre de Surinam » 98
Émile de La Bédollière, « Cour criminelle de justice animale » ... 100
Georges Courteline et Jules Lévy, *Le commissaire est bon enfant* 108
Honoré Daumier, « Vous aviez faim... » 113

DÉNONCER LA GUERRE

Voltaire, *Le Monde comme il va* 114
Pierre Desproges, « Et l'intelligence, c'est du poulet ? » 117
Jean Echenoz, *14* 118
Raphaël Confiant, *Le Bataillon créole* 121
Patrick Chappatte, « 1914-1918 : la boucherie » 125

MILITER CONTRE LE RACISME

Montesquieu, « De l'esclavage des nègres » 127
René Goscinny, « Je ne suis pas raciste, mais… » 128
Luis Rego, « La journée d'un fasciste » 131
Didier Daeninckx , « Le reflet » 136
Julia Pascual, « Besoin de fric ? Tue un Noir ! » 138
Tania de Montaigne, *L'Assignation, Les Noirs n'existent pas* 139
Drew Sheneman, « That's offensive! » 142

POUR COMPRENDRE

Étapes 1 à 8 144
Questions sur l'œuvre et notions à connaître

INFORMATION/DOCUMENTATION 158
Bibliographie, filmographie

PRÉSENTATION

Avant d'être un genre, aux contours d'ailleurs mal définis, la satire est un état d'esprit. Le satiriste, poussé par son indignation face aux folies, aux vices, aux défauts humains, tend un miroir déformant pour attaquer, en les ridiculisant, les travers du monde. Jonathan Swift, dans la préface d'un de ses *Contes du tonneau*, montre que personne ne veut assumer personnellement les ridicules communs à toute l'humanité : « La satire est une sorte de miroir dans lequel les spectateurs découvrent généralement le visage de tout le monde, mais pas le leur. »

La satire est une mise en garde autant qu'une punition, et les cibles sont universelles : l'avarice, la méchanceté, l'égoïsme… toutes les bizarreries de l'âme humaine, mais aussi les institutions religieuses, militaires et politiques, certaines professions comme les juges et les médecins, et les femmes, cible longtemps privilégiée de la misogynie ordinaire. La variété de formes est aussi constitutive de la satire, dont le premier sens du terme latin *satira*, « macédoine de légumes », suggère le mélange et la diversité.

Le satiriste exprime une révolte. Il ne veut pas être assimilé aux autres hommes et adopte une posture supérieure, sans toutefois être totalement dupe des masques qu'il emprunte. Pour Ferdinand Brunetière, la satire est une forme du lyrisme, car elle est une expression du *moi*, un épanchement de bile de l'artiste. Ce dernier fait donc preuve, en plus d'une certaine mauvaise humeur, d'un sens comique, d'esprit critique et de bon sens moral. S'il veut instruire, c'est par le rire qu'il parviendra à toucher. On trouve donc toujours un fond de gaieté dans la satire, y compris quand elle se fait blessante, humiliante ou méprisante.

Le satiriste donne une portée morale à ses attaques : s'il se moque, s'il ironise, c'est par souci de réformer les mœurs, de corriger les vices, de changer la société. À coups d'idées reçues, de caricatures, de stéréotypes, la satire dévoile les hypocrisies du monde, abat les orgueils, met un frein à la démesure.

Elle n'est pas sans danger pour le satiriste, étant dangereuse elle-même : elle subit souvent les ciseaux de la censure, fait face à l'incompréhension de sa parole ironique et parodique. Pourtant, elle est un bienfait pour l'humanité, thermomètre permanent des ridicules et des excès humains. Aristophane, dans *Les Cavaliers*, souligne ainsi son indispensable mission morale : « La satire contre les méchants n'a rien d'odieux ; elle est, aux yeux de tout homme sage, un hommage à la vertu. »

Qu'est-ce qui pousse les écrivains et les artistes à s'engager dans la voie de la satire ? Par quelle révolte, quel écœurement, quelle indignation ont-ils été touchés pour vouloir dénoncer avec tant de virulence, d'invective et de dérision les défauts des Hommes et de la société ? Les trente-huit artistes de ce recueil s'attaquent, par le sarcasme et l'ironie, aux injustices et aux ridicules de nos sociétés. Par des critiques directes ou généralisées, par l'exagération et la caricature, ils s'en prennent aussi bien à la justice inique, aux inégalités de sexe ou de race, au pouvoir abusif qu'à la société de consommation et à la guerre. En raillant l'être humain, responsable des dérives et malheurs de ce monde, ils tendent au lecteur d'aujourd'hui un éblouissant miroir de vérité, mettent du sel sur les plaies sociales et appuient là où ça fait mal.

Dénoncer les travers de la société

Moquer par le portrait

Martial (40-104)

Épigrammes, Ier siècle, traduction de Constant Dubos

Marcus Valerius Martialis est un poète latin dont les Épigrammes *constituent la principale œuvre. Poèmes satiriques de forme brève, ces épigrammes s'attaquent aux Romains du Ier siècle et constituent un témoignage féroce et amusant.*

Sur Gemellus et Alcine

Gemellus depuis quelque temps
Recherche Alcine en mariage ;
Soins empressés, prières et présents,
Pour l'obtenir il met tout en usage.
– C'est donc une beauté ? – Difforme[1] à faire peur,
Sa richesse peut seule égaler sa laideur ;
Elle est vieille ; de plus, maussade[2], acariâtre[3]
– Et c'est d'un tel objet qu'il se montre idolâtre[4]
Au point d'en vouloir être époux !
Comment a-t-elle pu le séduire ? – Entre nous,
C'est par sa toux opiniâtre[5].

1. Laide, hideuse.
2. Hargneuse, agressive.
3. Désagréable.
4. Fou amoureux.
5. Parce qu'elle tousse sans cesse.

À Aelia

Quatre dents te restaient, encore pas très entières ;
Une première toux t'en a fait sauter deux ;
Hier un autre accès[1] t'emporta les dernières
Aelia désormais, à ton aise tu peux
Tousser impunément[2] jour et nuit si tu veux.

Contre Fescennia

Quand ton haleine accuse[3] un excès de la veille,
Comme palliatif[4], ton docteur te conseille
De menthe une pastille au matin prise à jeun[5] :
Pour un instant ta lèvre en reçoit le parfum ;
Mais son effet est nul quand un levain[6] acide
De ton estomac chasse une vapeur fétide[7].
De plus, le souffle impur de ta bouche exhalé[8]
N'en est que plus infect, à des parfums mêlé,
Et s'étend plus au loin. Laisse là ta finesse,
Crois-moi : c'est déjà trop que l'odeur de l'ivresse.

Sur la vieille Afra

De *maman*, de *papa*, les mots jadis charmants,
Aujourd'hui dans ta bouche, Afra, cessent de plaire,

---

1. Une autre crise de toux.
2. Sans risque.
3. Montre, dévoile.
4. Remède.
5. Sans avoir mangé ou bu.
6. Substance qui permet la fermentation.
7. Puante.
8. Sorti.

Quand des papas et des mamans
Toi-même peux passer pour être la grand-mère.

Contre Attale

Attale est un homme charmant ;
Il fait tout avec tant de grâce !
Pour le bel air, pour l'agrément[1],
Où trouver quelqu'un qui l'efface ?
Au Palais, beau déclamateur,
Aux salons, élégant parleur,
Il charme, et jamais il ne lasse.
Faut-il faire un joli couplet,
Filer une scène comique,
Aiguiser un trait satirique,
Broder un conte ? c'est son fait[2].
Lui parlez-vous arts et science ?
Il est peintre, grammairien,
Astronome, physicien ;
Et sa docile complaisance[3],
Dans un amusant entretien,
Vous étale avec élégance
Un savoir qu'on croirait le sien.
Il chante, il pince de la lyre,
Et sa danse a de quoi séduire.
Il brille encore, et j'en convien[4],

1. Amusement.
2. Il s'y connaît.
3. Amabilité.
4. Conviens (rime pour l'œil).

Dans tous les genres d'exercice ;
Mais, s'il faut lui rendre justice,
Tout est grâce en lui, rien n'est bien.
Qu'en deux mots je le définisse :
Il veut être tout, et n'est rien.

Contre Caius

J'avais très grand besoin de quelque cent écus,
Et pour les emprunter, je m'adresse à Priscus,
Mon ami de trente ans. Une pareille somme
N'aurait pas, même en don, trop pesé sur un homme
Dont les coffres sous l'or cent fois se sont rompus.
– Ami, le barreau[1] t'offre une riche carrière,
Exploite-la, crois-moi, tu ne saurais mieux faire.
– Merci de ton conseil, lui dis-je assez surpris ;
Je te demande un prêt, et non pas un avis.

Roger de Bussy-Rabutin (1618-1693)

« Portrait de Madame de Cheneville », *Histoire amoureuse des Gaules*, 1665

*Ce militaire lettré, qui a combattu dans les armées de Louis XIV, est le cousin de la marquise de Sévigné, célèbre épistolière du XVIIe siècle. Esprit libertin et satirique, il compose, au début des années 1660, l'*Histoire amoureuse des Gaules*, une série de portraits de la noblesse française. Publié en 1665 après avoir circulé pendant des années, ce récit contient, sous les traits de madame de Cheneville, un portrait de sa célèbre cousine.*

1. L'ensemble des avocats d'un tribunal.

– Ah ! mon cher, [...] dites-nous s'il vous plaît ce que c'est que madame de Cheneville ; car je n'ai jamais vu deux personnes s'accorder sur son sujet. – C'est la définir en peu de mots que ce que vous dites là, répondit Bussy : on ne s'accorde point sur son sujet, parce qu'elle est inégale, et qu'une seule personne n'est pas assez longtemps bien avec elle pour remarquer le changement de son humeur ; mais moi, qui l'ai toujours vue dès son enfance, je vous en veux faire un fidèle rapport.

Histoire de Madame de Cheneville

Madame de Cheneville, continua-t-il, a d'ordinaire le plus beau teint du monde, les yeux petits et brillants, la bouche plate, mais de belle couleur ; le front avancé, le nez semblable à soi, ni long ni petit, carré par le bout ; la mâchoire comme le bout du nez ; et tout cela, qui en détail n'est pas beau, est, à tout prendre, assez agréable ; elle a la taille belle, sans avoir bon air ; elle a la jambe bien faite, la gorge, les bras et les mains mal taillés ; elle a les cheveux blonds, déliés[1] et épais ; elle a bien dansé, et a l'oreille encore juste ; elle a la voix agréable, elle sait un peu chanter : voilà, pour le dehors, à peu près comme elle est faite. Il n'y a point de femme qui ait plus d'esprit qu'elle, et fort peu qui en aient autant ; sa manière est divertissante : il y en a qui disent que, pour une femme de qualité, son caractère est un peu trop badin[2]. Du temps que je la voyais, je trouvais ce jugement-là ridicule, et je sauvais son burlesque[3] sous le nom de gaieté : aujourd'hui qu'en ne la voyant plus son grand feu[4] ne m'éblouit pas, je demeure d'accord qu'elle veut être trop plaisante. Si on a de l'esprit, et particulièrement de cette sorte d'esprit,

1. Délicats (ou laissés sans attaches).
2. Porté à l'amusement et au rire, enjoué, léger.
3. Côté ridicule, bouffon, farfelu.
4. Éclat.

qui est enjoué, on n'a qu'à la voir, on ne perd rien avec elle : elle vous entend, elle entre juste en tout ce que vous dites, elle vous devine, et vous mène d'ordinaire bien plus loin que vous ne pensez aller ; quelquefois aussi on lui fait voir bien du pays[1] ; la chaleur de la plaisanterie l'emporte, et, en cet état, elle reçoit avec joie tout ce qu'on lui veut dire de libre, pourvu qu'il soit enveloppé ; elle y répond même avec usure[2], et croit qu'il irait du sien[3] si elle n'allait pas au-delà de ce qu'on lui a dit. Avec tant de feu, il n'est pas étrange que le discernement[4] soit médiocre[5] : ces deux choses étant d'ordinaire incompatibles, la nature ne peut faire de miracle en sa faveur. Un sot[6] éveillé l'emportera toujours auprès d'elle sur un honnête homme sérieux. La gaieté des gens la préoccupe ; elle ne jugera pas si l'on entend ce qu'elle dit : la plus grande marque d'esprit qu'on lui peut donner, c'est d'avoir de l'admiration pour elle ; elle aime l'encens[7] ; elle aime d'être aimée ; et, pour cela, elle sème afin de recueillir ; elle donne de la louange pour en recevoir. Elle aime généralement tous les hommes ; quelque âge, quelque naissance et quelque mérite qu'ils aient, et de quelque profession qu'ils soient ; tout lui est bon, depuis le manteau royal jusqu'à la soutane[8], depuis le sceptre jusqu'à l'écritoire[9]. […]

Pour avoir de l'esprit et de la qualité, elle se laisse un peu trop éblouir aux grandeurs de la cour : le jour que la reine lui aura parlé, et peut-

---

1. On l'emmène loin dans la plaisanterie.
2. En y ajoutant ses propres mots d'esprit.
3. Elle se reprocherait.
4. Faculté de jugement.
5. Insuffisant.
6. Imbécile.
7. Les louanges, les flatteries excessives.
8. Robe du prêtre.
9. Attribut de la noblesse de robe (finances, justice).

être demandé seulement avec qui elle sera venue, elle sera transportée de joie ; et, longtemps après, elle trouvera moyen d'apprendre, à tous ceux desquels elle se voudra attirer le respect, la manière obligeante[1] avec laquelle la reine lui aura parlé. Un soir que le roi venait de la faire danser, s'étant remise à sa place, qui était auprès de moi : « Il faut avouer, me dit-elle, que le roi a de grandes qualités ; je crois qu'il obscurcira la gloire de tous ses prédécesseurs. » Je ne pus m'empêcher de lui rire au nez, voyant à quel propos elle lui donnait ses louanges, et de lui répondre : « On n'en peut pas douter, madame, après ce qu'il vient de faire pour vous. » Elle était alors si satisfaite de Sa Majesté, que je la vis sur le point, pour lui témoigner sa reconnaissance, de crier *Vive le roi !* [...]

Madame de Cheneville est inégale jusqu'aux prunelles des yeux et jusqu'aux paupières ; elle a les yeux de différentes couleurs, et, les yeux étant les miroirs de l'âme, ces inégalités sont comme un avis que donne la nature à ceux qui l'approchent, de ne pas faire un grand fondement sur son amitié. [...]

Voilà, mes chers, le portrait de madame de Cheneville. Son bien, qui accommodait fort le mien, parce que c'était un parti[2] de ma maison, obligea mon père à souhaiter que je l'épousasse ; mais, quoique je ne la connusse pas alors si bien que je fais aujourd'hui, je ne répondis point au dessein[3] de mon père : certaine manière étourdie dont je la voyais agir me la faisait appréhender, et je la trouvais la plus jolie fille du monde pour être femme d'un autre.

---

1. Aimable.
2. Personne à marier.
3. Projet.

Molière (1622-1673)

L'Avare, acte III, scène 1, 1668

Harpagon est un homme avare qui entrave les projets de mariage de ses enfants et maltraite ses domestiques. Fidèle à son maître, le cuisinier et cocher d'Harpagon, maître Jacques, se fait l'écho des propos malveillants qu'il a entendus au sujet de cet avare…

Maître Jacques

Monsieur, je ne saurais souffrir[1] les flatteurs ; et je vois que ce qu'il[2] en fait, que ses contrôles perpétuels sur le pain et le vin, le bois, le sel et la chandelle, ne sont rien que pour vous gratter[3] et vous faire sa cour. J'enrage de cela, et je suis fâché tous les jours d'entendre ce qu'on dit de vous : car, enfin, je me sens pour vous de la tendresse, en dépit que j'en aie[4] ; et, après mes chevaux, vous êtes la personne que j'aime le plus.

Harpagon

Pourrais-je savoir de vous, maître Jacques, ce que l'on dit de moi ?

Maître Jacques

Oui, monsieur, si j'étais assuré que cela ne vous fâchât point.

Harpagon

Non, en aucune façon.

Maître Jacques

Pardonnez-moi ; je sais fort bien que je vous mettrais en colère.

---

1. Supporter.
2. Valère, qui est entré chez Harpagon comme intendant afin de se rapprocher d'Élise, la fille de l'Avare.
3. Flatter.
4. Quoi qu'on fasse.

HARPAGON

Point du tout. Au contraire, c'est me faire plaisir, et je suis bien aise d'apprendre comme on parle de moi.

MAÎTRE JACQUES

Monsieur, puisque vous le voulez, je vous dirai franchement qu'on se moque partout de vous, qu'on nous jette de tous côtés cent brocards[1] à votre sujet, et que l'on n'est point plus ravi que de vous tenir au cul et aux chausses[2], et de faire sans cesse des contes de votre lésine[3]. L'un dit que vous faites imprimer des almanachs particuliers, où vous faites doubler les quatre-temps et les vigiles[4], afin de profiter des jeûnes où vous obligez votre monde ; l'autre, que vous avez toujours une querelle toute prête à faire à vos valets dans le temps des étrennes ou de leur sortie d'avec vous, pour vous trouver une raison de ne leur donner rien. Celui-là conte qu'une fois vous fîtes assigner[5] le chat d'un de vos voisins, pour vous avoir mangé un reste d'un gigot de mouton ; celui-ci, que l'on vous surprit, une nuit, en venant dérober vous-même l'avoine de vos chevaux ; et que votre cocher, qui était celui d'avant moi, vous donna, dans l'obscurité, je ne sais combien de coups de bâton, dont vous ne voulûtes rien dire. Enfin, voulez-vous que je vous dise ? On ne saurait aller nulle part où l'on ne vous entende accommoder de toutes pièces. Vous êtes la fable et la risée de tout le monde ; et jamais on ne parle de vous que sous les noms d'avare, de ladre, de vilain et de fesse-mathieu[6].

---

1. Railleries, moqueries.
2. Dire du mal sur vous.
3. Avarice.
4. Jours de jeûne dans le calendrier.
5. Traîner en justice.
6. Synonymes d'avare.

Harpagon, *en battant maître Jacques.*

Vous êtes un sot, un maraud[1], un coquin, et un impudent[2].

Maître Jacques

Eh bien ! ne l'avais-je pas deviné ? Vous ne m'avez pas voulu croire. Je vous l'avais bien dit que je vous fâcherais de vous dire la vérité.

Harpagon

Apprenez à parler.

Jean de La Bruyère (1645-1696)

« De l'Homme », *Les Caractères*, 1688

Sous-titré « Les Mœurs de ce siècle », Les Caractères *est une satire du Grand Siècle. Dans « De l'Homme », La Bruyère brosse, à travers Gnathon, l'anti-portrait de l'honnête homme.*

Gnathon ne vit que pour soi, et tous les hommes ensemble sont à son égard comme s'ils n'étaient point. Non content de remplir à une table la première place, il occupe lui seul celle de deux autres ; il oublie que le repas est pour lui et pour toute la compagnie ; il se rend maître du plat, et fait son propre[3] de chaque service : il ne s'attache à aucun des mets[4], qu'il n'ait achevé d'essayer de tous ; il voudrait pouvoir les savourer tous tout à la fois. Il ne se sert à table que de ses mains ; il manie les viandes, les remanie, démembre, déchire, et en use de manière qu'il faut que

1. Vaurien, coquin.
2. Insolent.
3. Sa propriété.
4. Plats.

les conviés, s'ils veulent manger, mangent ses restes. Il ne leur épargne aucune de ces malpropretés dégoûtantes, capables d'ôter l'appétit aux plus affamés ; le jus et les sauces lui dégouttent[1] du menton et de la barbe ; s'il enlève un ragoût[2] de dessus un plat, il le répand en chemin dans un autre plat et sur la nappe ; on le suit à la trace. Il mange haut et avec grand bruit ; il roule les yeux en mangeant ; la table est pour lui un râtelier[3] ; il écure ses dents, et il continue à manger. Il se fait, quelque part où il se trouve, une manière d'établissement[4], et ne souffre pas[5] d'être plus pressé[6] au sermon ou au théâtre que dans sa chambre. Il n'y a dans un carrosse que les places du fond qui lui conviennent ; dans toute autre, si on veut l'en croire, il pâlit et tombe en faiblesse. S'il fait un voyage avec plusieurs, il les prévient[7] dans les hôtelleries, et il sait toujours se conserver dans la meilleure chambre le meilleur lit. Il tourne tout à son usage ; ses valets, ceux d'autrui, courent dans le même temps pour son service. Tout ce qu'il trouve sous sa main lui est propre, hardes[8], équipages[9]. Il embarrasse tout le monde, ne se contraint pour personne, ne plaint personne, ne connaît de maux que les siens, que sa réplétion[10] et sa bile[11], ne pleure point la mort des autres, n'appréhende que la sienne, qu'il rachèterait volontiers de l'extinction du genre humain.

---

1. Coulent.
2. Plat en sauce.
3. Mangeoire pour le bétail.
4. Il se trouve partout comme chez lui.
5. Ne supporte pas.
6. Serré.
7. Devance.
8. Bagages.
9. Tous les équipements pour un voyage, des habits aux chevaux.
10. Fait d'avoir l'estomac plein.
11. Liquide sécrété par le foie.

Marivaux (1688-1763)

L'Île des esclaves, scène 3, 1725

Dans cette pièce, Iphicrate, maître d'Arlequin, et Euphrosine, maîtresse de Cléanthis, ont échoué sur une île dirigée par les esclaves. Les rôles sont inversés, et pour guérir les maîtres de leurs défauts, Trivelin, le gouverneur de l'île, propose aux anciens esclaves de faire devant eux leur portrait.

Trivelin

[…] Venons maintenant à l'examen de son caractère : il est nécessaire que vous m'en donniez un portrait, qui se doit faire devant la personne qu'on peint, afin qu'elle se connaisse[1], qu'elle rougisse de ses ridicules, si elle en a, et qu'elle se corrige. Nous avons là de bonnes intentions, comme vous voyez. Allons, commençons.

Cléanthis

Oh que cela est bien inventé ! Allons, me voilà prête ; interrogez-moi, je suis dans mon fort[2].

Euphrosine, *doucement.*

Je vous prie, Monsieur, que je me retire, et que je n'entende point ce qu'elle va dire.

Trivelin

Hélas ! ma chère Dame, cela n'est fait que pour vous ; il faut que vous soyez présente.

Cléanthis

Restez, restez ; un peu de honte est bientôt passée.

---

1. Reconnaisse.
2. C'est un sujet où je suis experte.

TRIVELIN

Vaine[1], minaudière[2] et coquette, voilà d'abord à peu près sur quoi je vais vous interroger au hasard. Cela la regarde-t-il[3] ?

CLÉANTHIS

Vaine, minaudière et coquette, si cela la regarde ? Eh ! voilà ma chère maîtresse ; cela lui ressemble comme son visage.

EUPHROSINE

N'en voilà-t-il pas assez, Monsieur ?

TRIVELIN

Ah ! je vous félicite du petit embarras que cela vous donne ; vous sentez[4], c'est bon signe, et j'en augure[5] bien pour l'avenir : mais ce ne sont encore là que les grands traits ; détaillons un peu cela. En quoi donc, par exemple, lui trouvez-vous les défauts dont nous parlons ?

CLÉANTHIS

En quoi ? partout, à toute heure, en tous lieux ; je vous ai dit de m'interroger ; mais par où commencer ? je n'en sais rien, je m'y perds. Il y a tant de choses, j'en ai tant vu, tant remarqué de toutes les espèces, que cela me brouille. Madame se tait, Madame parle ; elle regarde, elle est triste, elle est gaie : silence, discours, regards, tristesse et joie, c'est tout un, il n'y a que la couleur de différente ; c'est vanité muette, contente ou fâchée ; c'est coquetterie babillarde[6], jalouse ou curieuse ; c'est Madame, toujours vaine ou coquette, l'un après l'autre, ou tous les deux à la fois : voilà ce que c'est, voilà par où je débute, rien que cela.

---

1. Vaniteuse.
2. Qui fait des manières pour séduire.
3. Cela la concerne-t-il ?
4. Ressentez quelque chose.
5. Prévois, devine, prédis.
6. Bavarde.

Euphrosine

Je n'y saurais tenir.

Trivelin

Attendez donc, ce n'est qu'un début.

Cléanthis

Madame se lève ; a-t-elle bien dormi, le sommeil l'a-t-il rendu belle, se sent-elle du vif[1], du sémillant[2] dans les yeux ? vite sur les armes ; la journée sera glorieuse. Qu'on m'habille ! Madame verra du monde aujourd'hui ; elle ira aux spectacles, aux promenades, aux assemblées ; son visage peut se manifester, peut soutenir[3] le grand jour, il fera plaisir à voir, il n'y a qu'à le promener hardiment, il est en état, il n'y a rien à craindre.

Trivelin, *à Euphrosine.*

Elle développe assez bien cela.

Cléanthis

Madame, au contraire, a-t-elle mal reposé ? Ah qu'on m'apporte un miroir ; comme me voilà faite ! que je suis mal bâtie ! Cependant on se mire[4], on éprouve son visage de toutes les façons, rien ne réussit ; des yeux battus, un teint fatigué ; voilà qui est fini, il faut envelopper ce visage-là, nous n'aurons que du négligé[5], Madame ne verra personne aujourd'hui, pas même le jour, si elle peut ; du moins fera-t-il sombre dans la chambre. Cependant il vient compagnie, on entre : que va-t-on penser du visage de Madame ? on croira qu'elle enlaidit : donnera-t-elle ce plaisir-là à ses bonnes amies ? Non, il y a remède à tout : vous allez

---

1. De la vivacité.
2. De l'éclat.
3. Supporter.
4. On se regarde dans un miroir.
5. Vêtement d'intérieur porté dans l'intimité, sans recherche d'élégance.

voir. Comment vous portez-vous, Madame ? Très mal, Madame ; j'ai perdu le sommeil ; il y a huit jours que je n'ai fermé l'œil ; je n'ose pas me montrer, je fais peur. Et cela veut dire : Messieurs, figurez-vous que ce n'est point moi, au moins ; ne me regardez pas, remettez à me voir[1] ; ne me jugez pas aujourd'hui ; attendez que j'aie dormi. J'entendais tout cela, moi, car nous autres esclaves, nous sommes doués contre nos maîtres d'une pénétration[2] !... Oh ! ce sont de pauvres gens pour nous.

TOUCHATOUT (LÉON-CHARLES BIENVENU) (1835-1911)
« Léopold II », *Le Trombinoscope*, volume 2, 1872

Journaliste satirique et auteur de parodies de romans célèbres, Touchatout publie Le Trombinoscope *sous forme de journal, dans lequel, de manière hebdomadaire, il croque le portrait d'une personnalité de son temps. Dans cet extrait, c'est Léopold II, roi des Belges, qui fait les frais de ses railleries. À cette époque, il n'est pas encore le terrible colonisateur du Congo.*

Léopold II (Louis-Philippe-Marie-Victor), roi des Belges, né à Bruxelles, le 9 avril 1835. Le jour de sa naissance, il ne faisait ni chaud ni froid, ni clair ni sombre, ni beau ni vilain ; c'était une des journées insipides[3] que rien ne marque et desquelles les gens qui les ont vécues se disent le soir, après avoir dîné sans faim, bu sans soif et au moment de se coucher sans sommeil : voilà vingt-quatre heures dépensées bien bêtement.

1. Revenez me voir un autre jour.
2. Clairvoyance, perspicacité, facilité à comprendre.
3. Banales, ennuyeuses.

Ce n'est pas sans motif que nous insistons sur cette disposition particulière du jour de la naissance du roi Léopold II ; c'est que ce jour terne eut une influence décisive sur la vie et le tempérament de ce monarque. On sait en effet que les premières impressions que reçoit un enfant, influent fatalement sur sa destinée tout entière ; c'est ce qui arriva à Léopold.

Le jour où ce prince vint au monde, il jeta un regard curieux autour de lui et tout était si nul, si gris, si atone[1], si vide, que son premier mot fut : C'est ça la vie ?... Le spectacle qui s'offrait à sa vue était d'ailleurs bien fait pour lui arracher cette triste réflexion : nous l'avons dit plus haut, il faisait un de ces temps stupides par lesquels rien n'émeut, rien ne distrait ; une de ces journées si assommantes que l'on verrait un photographe tomber du sixième sur le trottoir sans que cela vous arrachât seulement un sourire, l'intérieur du palais ce jour-là était à l'unisson de la nature.

Dans un coin de la chambre où l'enfant venait de naître, Léopold Ier, son père, morne, silencieux, écrivait la dépense de la maison sous la dictée de sa femme Louise d'Orléans. Il y avait deux sous dont on ne retrouvait pas l'emploi, et les deux époux cherchèrent pendant cinq heures sans dire un mot ; à côté de la cheminée un gros chat dormait en faisant ronron ; du dehors aucun bruit ; tout était calfeutré[2], pas un orgue de Barbarie dans la cour. Le papier de tenture de la pièce était chocolat clair (comme c'est gai pour un nourrisson !...) ; sur le guéridon un volume de la *Revue des Deux Mondes*, en face du berceau un portrait

---

1. Inerte, éteint, immobile.
2. Replié sur soi, tranquille.

de Jouvin[1]. Enfin tout, tout !..., près de ce nouveau-né, suait à grosses gouttes la monotonie, la platitude et l'ennui !...

Le soir même de sa naissance, l'enfant bâillait à n'avoir plus rien à apprendre d'un abonné de l'Odéon[2] ; et sa mère en s'approchant pour le changer, vit une petite fée qui s'envolait dans les rideaux après avoir touché le petit du bout d'une baguette. Elle remarqua, eu même temps, que le visage du bébé avait pris une expression de niaiserie[3] très accentuée. À ce moment une petite voix molle et nonchalante se fit entendre dans les plis des rideaux et dit à la reine : « Je suis la fée Insignifiante, et je viens de toucher ton rejeton[4]. Il ne sera ni beau ni laid, ni spirituel ni bête, ni bon ni mauvais, ni vif ni lent ; il ne sera rien, il ne se fera ni aimer ni haïr, et il n'arrachera jamais d'autre cri à ceux qui le verront passer que celui-ci : "Quelle bonne tête !..." » À partir de ce moment, l'enfant se développa dans une nullité persistante.

On ne savait jamais – ni lui non plus – ce qu'il voulait, ce qu'il aimait, ce qu'il préférait ; tout lui était indifférent, il était indifférent à tout le monde. On le fit instruire, il apprit tout, il n'apprit rien, il jouait, il ne s'amusait pas, il voyait les choses tristes sans pleurer, les choses gaies sans rire, les choses bêtes sans bâiller. Il eût regardé mademoiselle Pierson[5] sans que l'idée lui vint de dire : « Ah ! que c'est beau !... » et Louis Veuillot[6] sans s'écrier : « Dieu que c'est laid !... »

---

1. Probablement un peintre contemporain de Touchatout aujourd'hui oublié.
2. Théâtre parisien fondé à la fin du XVIIIe siècle.
3. Bêtise.
4. Enfant.
5. Blanche Pierson (1842-1919) est une comédienne française.
6. Louis Veuillot (1813-1883) est un journaliste et un homme de lettres français souvent caricaturé, comme dans *La Petite Lune*, en 1879, le nez rouge et le visage vérolé : « Masque pour Mardi-Gras. Ne cherchez pas ailleurs. Il n'y a pas plus beau. »

Enfin sa nature physique et morale échappait tellement à l'examen, qu'un jour qu'il s'était perdu en allant se promener, il fut impossible à son père et à sa mère de donner son signalement.

L'enfant grandissait donc dans son insignifiance et avait trouvé le moyen de se développer sans tenir plus de place, quand la mort de son père, Léopold Ier, le porta sur le trône de Belgique. Il est heureux que le hasard de sa naissance lui ait indiqué un métier tout prêt, car jamais de sa vie il n'eût été capable d'en choisir un. Il reprit donc la suite des affaires de son père. Il est bon de dire que les brillantes qualités que nous venons d'énumérer ne l'avaient pas empêché d'être fait duc de Brabant, général major et colonel honoraire[1] d'un régiment de grenadiers. À ceux de nos lecteurs qui nous demanderaient ce que ce peut être qu'un colonel honoraire, nous répondrions d'instinct qu'un colonel honoraire est probablement celui qui reçoit l'avancement et les décorations en chambre, pendant que le colonel honor…able reçoit les atouts sur le champ de bataille.

Dès sa majorité, le jeune duc de Brabant avait aussi été créé sénateur, emploi qui va généralement à un jeune homme de vingt ans comme un maillot collant à un homme de quatre-vingt-dix. En montant sur le trône, Léopold II manifesta clairement son intention de gouverner comme son père et de ne rien modifier à sa politique ; ce n'était pas qu'il la trouvait meilleure qu'une autre ; mais on ne l'a pas oublié : sa nature d'une dévorante activité le portait à ne jamais rien changer à un ordre de choses établi. Du reste, supérieurement servi par les circonstances, placé à la tête d'un gouvernement qui marchait tout seul, ayant à conduire un peuple toujours content de ce que son roi voulait bien faire pour lui, Léopold n'avait qu'à laisser couler la vie, il en profita.

---

1. Titre attribué à quelqu'un qui n'exerce pas la fonction.

Son règne jusqu'ici n'a été qu'une longue succession de jours tranquilles. Une seule fois, il a été sur le point d'être forcé de faire preuve d'initiative et ça l'a rendu pendant cinq minutes le plus malheureux des hommes : piqué par une puce dans son lit, il a vu le moment où il allait falloir qu'il se levât pour la chercher ; heureusement l'insecte n'insista pas, et le calme de la vie de Léopold ne fut pas troublé.

Au physique, le roi Léopold est resté l'enfant touché par la fée Insignifiante. Nos lecteurs, pour se rendre compte de l'intelligence qui éclaire cette physionomie, à peu près comme un citron éclaire une lanterne, n'ont qu'à prendre une pièce de cinq francs à l'effigie de ce monarque ; c'est surtout de profil qu'il est curieux à examiner. On peut fouiller pendant cinq quarts d'heure consécutifs ces traits fadasses, nuls et insipides, nous défions d'y trouver plus d'expression que dans le galbe[1] d'une borne de porte cochère. D'ailleurs, pas plus capable d'une mauvaise action que d'une bonne, soliveau[2] couronné, roi constitutionnel, jusque dans la moelle, Sa Banalité Léopold II est certainement le monarque qui contribuera le plus à discréditer le principe de la monarchie ; car elle est la preuve vivante qu'en fait de souverains, tout ce que le meilleur peut faire de plus utile, c'est de ne servir à rien.

NOTICE COMPLÉMENTAIRE
DATES À REMPLIR
PAR LES COLLECTIONNEURS DU *TROMBINOSCOPE*

Le roi Léopold continue pendant de longues années à jouer le rôle agité d'*un monarque dans du coton*. Il fait si peu de bruit que son peuple

1. Courbure caractéristique des chasse-roues.
2. Petite poutre, terme qui désigne souvent un roi sans autorité.

finit par oublier qu'il existe et ne s'en souvient qu'une fois chaque année en voyant figurer ses appointements au budget. Le … 18… pourtant, un changement semble se produire dans son caractère ; un matin il dit à sa femme d'un ton résolu : « Il faut que je me fasse couper les cheveux !… » Étonnée d'un acte d'énergie aussi inattendu, la reine inquiète craint une fièvre cérébrale et fait demander le médecin. Mais le calme se rétablit et Léopold revient à ses allures ordinaires ; il fait des excuses à la reine en lui disant : « Oui… J'ai eu tort… Je crois que j'ai été un peu violent… J'aurais dû attendre mon coiffeur… »

Enfin, il meurt le … 19… victime de son tempérament impétueux, pour être sorti de son caractère en jurant après une mouche qui était venue se poser trois fois de suite sur son nez, pendant qu'il avait les deux mains occupées à tenir l'écheveau[1] de la reine.

Moloch (1849-1909)

« Émile Zola », *Le Trombinoscope*, n° 6, 1881

Les caricatures contre Émile Zola ont été nombreuses, tout au long de la carrière de l'écrivain : moqué pour le naturalisme, le courant littéraire dont il devient le chef de file, ou raillé pour son engagement dans l'affaire Dreyfus, Zola n'a jamais été épargné par les caricaturistes.

1. Assemblage de fils.

Moloch, « Émile Zola »

Railler l'humain

Nicolas Boileau (1636-1711)

« Sur l'Homme », VIII, *Satires*, 1667

Dans ce recueil inspiré d'Horace et de Juvénal, des satiristes de l'Antiquité, Boileau prend pour cibles aussi bien ses contemporains que lui-même.

De tous les animaux qui s'élèvent dans l'air,
Qui marchent sur la terre, ou nagent dans la mer,
De Paris au Pérou, du Japon jusqu'à Rome,
Le plus sot animal, à mon avis, c'est l'homme.
Quoi ! dira-t-on d'abord, un ver, une fourmi,
Un insecte rampant qui ne vit qu'à demi,
Un taureau qui rumine, une chèvre qui broute,
Ont l'esprit mieux tourné que n'a l'homme ? Oui sans doute.
Ce discours te surprend, docteur, je l'aperçoi[1].
L'homme de la nature est le chef et le roi :
Bois, prés, champs, animaux, tout est pour son usage,
Et lui seul a, dis-tu, la raison en partage.
Il est vrai, de tout temps la raison fut son lot :
Mais de là je conclus que l'homme est le plus sot. [...]
Voilà l'homme en effet. Il va du blanc au noir ;
Il condamne au matin ses sentiments du soir :
Importun[2] à tout autre, à soi-même incommode[3],

1. Aperçois (rime pour l'œil).
2. Désagréable, gêneur.
3. Agaçant, qui cause du désagrément.

Il change à tous moments d'esprit comme de mode :
Il tourne au moindre vent, il tombe au moindre choc,
Aujourd'hui dans un casque[1], et demain dans un froc[2].
Cependant à le voir, plein de vapeurs légères,
Soi-même se bercer de ses propres chimères,
Lui seul de la nature est la base et l'appui,
Et le dixième ciel ne tourne que pour lui.
De tous les animaux il est, dit-il, le maître.
Qui pourrait le nier ? poursuis-tu. Moi, peut-être.
Mais, sans examiner si vers les antres[3] sourds,
L'ours a peur du passant, ou le passant de l'ours ;
Et si, sur un édit[4] des pâtres[5] de Nubie[6],
Les lions de Barca[7] videraient la Libye ;
Ce maître prétendu qui leur donne des lois,
Ce roi des animaux, combien a-t-il de rois !
L'ambition, l'amour, l'avarice, la haine,
Tiennent comme un forçat son esprit à la chaîne. [...]
Lui seul, vivant, dit-on, dans l'enceinte des villes,
Fait voir d'honnêtes mœurs, des coutumes civiles,
Se fait des gouverneurs, des magistrats, des rois,
Observe une police, obéit à des lois.

1. État militaire.
2. État monacal, des moines.
3. Grottes.
4. Décret, loi.
5. Bergers.
6. Ancien royaume d'Afrique, entre le Soudan et l'Égypte.
7. Hannibal Barca (247-183 av. J.-C.) est un général carthaginois célèbre pour avoir traversé les Alpes avec des éléphants de combat pour marcher sur Rome.

Il est vrai. Mais pourtant sans lois et sans police,
Sans craindre archers, prévôt, ni suppôt[1] de justice,
Voit-on les loups brigands, comme nous inhumains,
Pour détrousser les loups courir les grands chemins ?
Jamais, pour s'agrandir, voit-on dans sa manie
Un tigre en factions[2] partager l'Hyrcanie[3] ?
L'ours a-t-il dans les bois la guerre avec les ours ?
Le vautour dans les airs fond-il sur les vautours ?
A-t-on vu quelquefois dans les plaines d'Afrique,
Déchirant à l'envi[4] leur propre république,
Lions contre lions, parents contre parents,
Combattre follement pour le choix des tyrans ?
L'animal le plus fier qu'enfante la nature
Dans un autre animal respecte sa figure,
De sa rage avec lui modère les accès,
Vit sans bruit, sans débats, sans noise[5], sans procès. […]
L'homme seul, l'homme seul, en sa fureur extrême,
Met un brutal honneur à s'égorger soi-même. […]

---

1. Serviteur.
2. Groupes.
3. Province de la Médie (Iran actuel).
4. À qui mieux mieux, en rivalisant.
5. Dispute, querelle.

MARK TWAIN (1835-1910)

« La place de l'Homme dans le monde animal » [1896], *Contes et mécontes*, traduction de Gabriel de Lautrec, François de Gaïl et Marie-Andrée Gauvin, © Éditions Allia, Paris, 2010

L'Américain Mark Twain, fameux auteur des Aventures de Tom Sawyer, *était un défenseur de la cause animale, à qui il a consacré de nombreux textes. Persuadé que l'être humain a usurpé sa place dans le règne animal, il démontre dans cette satire la fausseté de sa prétendue supériorité.*

[…] Je me suis livré à une étude scientifique des caractères et spécificités des espèces animales prétendues « inférieures » pour les comparer aux caractères et spécificités de l'homme. Je constate que le résultat est extrêmement humiliant pour moi. Car il m'oblige à renoncer à la théorie de Darwin[1] selon laquelle l'Homme est le résultat d'un Progrès à partir des Espèces Animales Inférieures. Il me paraît clair désormais que cette théorie devrait être abandonnée au profit d'une autre, nouvelle et plus proche de la vérité, qu'on devrait appeler la *Régression*[2] de l'Homme par rapport aux Espèces Animales Supérieures.

En m'acheminant vers cette désagréable conclusion, je n'ai pas procédé par supposition ni spéculation[3] ni conjecture[4], mais j'ai employé ce qu'il est convenu d'appeler la méthode scientifique. Autrement dit, j'ai soumis chaque postulat[5] se présentant à mon esprit à l'épreuve

---

1. Charles Darwin (1809-1882) est un naturaliste anglais ayant travaillé sur la théorie de l'évolution des espèces.
2. Recul, retour à un état antérieur.
3. Hypothèse.
4. Supposition, prévision.
5. Proposition, hypothèse.

cruciale[1] de l'expérimentation, et je l'ai adopté ou rejeté selon les résultats obtenus. C'est ainsi que j'ai mis à l'épreuve et vérifié chaque étape de mon parcours, l'une après l'autre, avant de passer à la suivante. Ces expériences ont été menées aux Jardins zoologiques de Londres, et ont demandé de nombreux mois d'un travail assidu épuisant.

Avant de détailler l'une ou l'autre de ces expériences, je souhaite mentionner deux-trois choses qui me paraissent devoir trouver place ici sans plus attendre. Cela pour la clarté du propos. À ma grande satisfaction, cet ensemble d'expériences ont démontré plusieurs faits d'intérêt général, à savoir :

1. Que la race humaine constitue une espèce distincte. Elle présente de légères variations – de couleurs, de statures, d'aptitudes mentales, etc. – dues au climat, à l'environnement et ainsi de suite ; mais elle constitue une espèce en soi, qui ne saurait être confondue avec aucune autre.

2. Que les quadrupèdes[2] constituent également une famille distincte. Celle-ci présente des variations de couleurs, de tailles, de préférences alimentaires, etc., mais n'en constitue pas moins une famille en soi.

3. Que les autres familles – oiseaux, poissons, insectes, reptiles, etc. – forment des groupes plus ou moins distincts également. Ils font partie de la lignée. Ce sont des maillons de la chaîne qui va des espèces situées tout en haut de l'échelle, jusqu'à l'homme, situé tout en bas.

Certaines de mes observations ont révélé des faits très curieux. Au cours de mes lectures, je suis tombé sur un récit selon lequel, il y a de nombreuses années, des chasseurs de nos Grandes Plaines d'Amérique organisèrent une partie de chasse au bison pour divertir un

1. Déterminante, décisive.
2. Animaux à quatre pieds.

comte anglais – et pour approvisionner son cellier[1] en viande fraîche. L'expédition fut des plus réussies. Ils tuèrent soixante-douze de ces grands animaux, consommèrent une part de l'un d'eux, et laissèrent pourrir les soixante et onze autres. Afin de mesurer la différence (pour le cas où il y en aurait une) entre un anaconda et un homme, j'ai fait mettre sept jeunes veaux dans la cage du reptile. Celui-ci en a aussitôt broyé un, l'a avalé, puis s'est recouché, parfaitement rassasié. Il n'a plus manifesté aucun intérêt pour les veaux, ni aucune envie de les attaquer. J'ai renouvelé l'expérience avec d'autres anacondas, toujours avec le même résultat. La différence fut ainsi établie entre un comte et un anaconda. Le comte est cruel et l'anaconda ne l'est pas. Le comte détruit sans raison ce dont il n'a pas usage, ce que ne fait pas l'anaconda. Ce qui laisse supposer que l'anaconda ne descend pas de l'Homme. Et cela laisse également supposer que le comte descendant de l'anaconda a beaucoup perdu en cours de route.

J'avais noté que nombre de personnes qui ont amassé bien plus de millions qu'elles ne pourront jamais en dépenser, manifestent un furieux désir d'en posséder davantage et n'éprouvent aucun scrupule[2] à subtiliser aux ignorants et aux démunis leurs petites économies pour calmer leur propre appétit. J'ai fourni à différentes sortes d'animaux, sauvages ou apprivoisés, l'occasion d'accumuler d'énormes réserves de nourriture, mais aucun d'entre eux n'a voulu s'y résoudre. Les écureuils, les abeilles et certains oiseaux ont constitué des stocks, mais seulement en quantité suffisante pour l'hiver et rien n'a pu les persuader d'en accumuler davantage, qu'on les ait sollicités directement ou en usant d'artifices. Afin de soutenir sa réputation chancelante, la fourmi a fait mine

1. Garde-manger.
2. Hésitation, cas de conscience.

d'entasser des vivres mais je n'ai pas été dupe, je connais la fourmi. Ces expériences m'ont convaincu qu'il existe une différence entre l'Homme et les espèces animales supérieures : il est avare et mesquin, ce qu'elles ne sont pas.

Les expériences que j'ai menées m'ont persuadé que, de tous les animaux, l'Homme est le seul qui, blessé dans son amour-propre[1], remâche son amertume, attendant qu'une occasion se présente pour se venger. La vengeance est une passion inconnue des espèces animales supérieures.

Les coqs ont des harems[2], avec le consentement de leurs concubines[3] ; il n'y a donc là aucun mal. Les Hommes ont imposé des harems par la force brutale, c'est un privilège accordé par des lois iniques[4], promulguées sans l'accord du sexe faible. En raison de quoi, l'Homme occupe un rang très inférieur au coq.

Les chats ont des mœurs très relâchées, mais ils n'en ont pas conscience. L'Homme, en descendant du chat, a conservé le relâchement mais a abandonné l'inconscience qui absout[5] le chat. Le chat est innocent, l'Homme ne l'est pas.

L'indécence, la vulgarité, l'obscénité, sont le propre de l'Homme qui les a inventées. Parmi les espèces animales supérieures, on n'en trouve aucune trace. Elles ne cachent rien, elles n'éprouvent aucune honte. L'Homme, avec son esprit mal tourné, habille son corps. Il se gardera bien d'entrer dans un salon le torse et le dos nus, tant lui et ses pareils

1. Sentiment de sa dignité, de sa propre valeur.
2. Dans les pays musulmans, appartements réservés aux femmes d'un seul homme.
3. Femmes.
4. Injustes.
5. Excuse.

sont sensibles à toute suggestion indécente. L'Homme est l'Animal qui rougit. Il est le seul à le faire – et à avoir de bonnes raisons pour ça.

L'Homme est l'« Animal qui rit ». Mais le singe aussi, ainsi que Darwin l'a remarqué : tout comme la « mouette Rieuse », du reste.

En tête d'un article de journal, nous lisons que « trois moines ont été brûlés vifs » il y a quelques jours, et un prieur[1] « mis à mort avec une atroce cruauté ». Cherchons-nous à connaître les détails ? Non. Sinon nous découvririons que le prieur a subi d'innommables mutilations. L'Homme, si c'est un Indien d'Amérique du Nord, crève les yeux de son prisonnier ; si c'est le roi John, il utilise un fer chauffé au rouge pour rendre son neveu inoffensif ; si c'est un religieux fanatique, chargé du sort des hérétiques[2] au Moyen Âge, sa proie est écorchée vive, puis il lui répand du sel sur le dos ; au temps de Richard Ier, il enferme dans une tour une multitude de familles juives et il y met le feu ; au temps de Christophe Colomb, il capture une famille de Juifs espagnols et... (ce qui suit ne peut être imprimé). De nos jours, en Angleterre, un homme qui bat sa mère à coups de chaise et la laisse pour morte, est condamné à une amende de dix shillings. Un autre, trouvé en possession de quatre œufs de faisan dont il ne peut clairement expliquer la provenance, est condamné à une amende de quarante shillings. De tous les animaux, l'Homme est le seul qui soit cruel, le seul qui inflige des souffrances à autrui pour le plaisir : trait inconnu des espèces animales supérieures. Le chat joue avec une souris terrorisée mais il a une excuse, il ne sait pas qu'elle souffre. Il garde la mesure – une mesure non-humaine : il se contente d'effrayer la souris, il ne lui fait pas de mal, ne lui arrache pas les yeux, ne l'écorche pas vive, ne lui enfonce pas des échardes sous les

1. Supérieur d'un couvent.
2. Incroyants ou appartenant à une autre religion que la religion officielle.

griffes et les ongles comme le font les hommes. Quand il a fini de jouer avec elle, il n'en fait qu'une bouchée et met ainsi fin à ses tourments. L'Homme est un Animal cruel, c'est son signe distinctif.

Les espèces animales supérieures se livrent à des combats entre deux adversaires mais jamais entre deux groupes organisés. L'Homme est le seul animal à déclarer une guerre, cette atrocité des atrocités. Le seul à assembler ses frères à ses côtés, à se mettre en route de sang-froid, sans la moindre émotion, pour exterminer ses semblables. Le seul animal à partir, pour une solde[1] minable, comme les mercenaires pendant la guerre d'Indépendance Américaine ou comme ce gamin, le prince Napoléon pendant la guerre contre les Zoulous[2], pour aider au massacre d'inconnus, appartenant comme lui à l'espèce humaine, qui ne lui ont fait aucun mal et avec lesquels il n'entretient aucun motif de querelles.

L'Homme est le seul animal à faire main basse sur le territoire de ses semblables moins puissants que lui : il envahit leur pays puis les en expulse ou les anéantit. Il agit ainsi depuis toujours. Pas un pouce de terrain sur toute la surface du globe qui soit en possession de son propriétaire légitime ou qui n'ait pas été extorqué[3] à ses propriétaires successifs, sans trêve ni repos, par la force et dans le sang.

Seul l'Homme est Esclave. Il est le seul animal qui réduise autrui en esclavage. Il a toujours été esclave et a toujours asservi certains de ses semblables sous une forme ou une autre. De nos jours, il est toujours l'esclave d'un autre, exécute le travail d'un autre : son salaire est à ce prix ; et cet esclave a d'autres esclaves sous sa coupe, qui, à leur tour, font son travail, travaillent pour lui, pour un petit salaire. Les espèces

1. Paie des militaires.
2. Peuple d'Afrique australe.
3. Volé.

animales supérieures sont les seules qui s'astreignent[1] à travailler pour subvenir à leurs propres besoins.

Seul l'Homme est Patriote. Il s'installe à l'écart, dans son propre pays, sous son propre drapeau, raille[2] les autres nations et entretient à grands frais une multitude d'assassins en uniformes, prêts, sur son ordre, à mettre la main sur une portion du territoire des autres et à les empêcher de mettre la main sur une portion du sien. Dans les périodes de répit entre deux campagnes, il se lave les mains du sang qui les souille en vue d'œuvrer à ce qu'il appelle « la fraternité universelle entre les Hommes ».

L'Homme est l'Animal religieux. Le seul. Le seul animal qui possède la Vraie Religion – c'est-à-dire plusieurs. Il est le seul animal qui aime son prochain comme lui-même et qui lui tranche la gorge si sa croyance diffère de la sienne. Par amour pour ses frères, s'évertuant à leur faciliter l'accès au Ciel, il a transformé le monde en un cimetière. Il était à l'œuvre au temps des César, mais aussi au temps de Mahomet, tout comme au temps de l'Inquisition. Il a été à l'œuvre en France plusieurs siècles durant mais aussi en Angleterre, au temps de la reine Mary. Il est à l'œuvre depuis qu'il a vu le jour, il est à l'œuvre aujourd'hui en Crète, comme l'indiquent les télégrammes de presse les plus récents, et il sera demain à l'œuvre autre part. Les espèces animales supérieures n'ont pas de religion. On dit qu'elles sont exclues de l'Au-delà, je me demande bien pourquoi. Cela paraît d'un goût douteux.

L'Homme est l'Animal doué de Raison. On a cependant bien des motifs d'en douter. En effet, les expériences que j'ai conduites m'ont

---

1. S'obligent.
2. Se moque.

prouvé qu'il est un Animal dépourvu[1] de Raison. Veuillez considérer son histoire telle qu'on l'a esquissée. Il apparaît clair, en tout état de cause, que la Raison n'est pas son fort. Son hallucinant passé est celui d'un fou furieux. Je considère que l'argument le plus probant[2] lui déniant[3] toute intelligence est le fait qu'avec ce lourd passé à son actif, il prétende benoîtement[4] se situer en tête de l'espèce animale, alors que selon ses propres critères, il fait figure de bon dernier.

En réalité, l'Homme est d'une sottise incurable. Contrairement aux autres animaux, il est incapable d'apprendre des choses simples. Voici l'une des expériences que j'ai menées. En une heure, j'ai appris à un chat et à un chien à vivre en bonne intelligence. Je les ai mis ensemble dans une cage. Une heure de plus et je leur ai appris à vivre en bonne intelligence avec un lapin. En deux jours, j'ai pu ajouter un renard, un écureuil et quelques tourterelles. Et pour finir, un singe. Ils ont vécu ensemble en paix, leurs relations étaient même affectueuses. Puis dans une autre cage, j'ai enfermé un catholique irlandais de Tipperary et dès qu'il m'a paru calmé, j'ai ajouté un presbytérien[5] écossais d'Aberdeen. Puis un Turc de Constantinople, un chrétien grec de Crète, un Arménien, un méthodiste[6] du fin fond de l'Arkansas, un bouddhiste de Chine, un brahmane[7] de Bénarès. Et pour finir, un colonel de l'Armée du Salut de Wapping. Puis je me suis absenté deux jours entiers. Quand je suis revenu pour constater le résultat, dans la cage des Espèces Animales Supérieures tout se passait bien, mais dans l'autre, tout n'était

1. Privé.
2. Convaincant, concluant.
3. Niant, refusant de reconnaître.
4. Hypocritement.
5. Protestant.
6. Membre d'une secte protestante.
7. Prêtre hindou.

que chaos, amas sanglant de pièces et de morceaux de turbans, de fez[1], de plaids, d'os et de chairs – pas un seul des spécimens sélectionnés n'avait survécu. Les Animaux doués de Raison s'étaient trouvés en désaccord sur un point de théologie et avaient porté l'affaire devant une Juridiction supérieure. [...]

Voilà qui donne à réfléchir, et à réfléchir sérieusement. Une réflexion qui renferme une sombre hypothèse : à savoir que nous ne sommes sans doute pas aussi importants que nous l'avons toujours supposé.

George Orwell (1903-1950)

« Le discours de Sage l'Ancien », *La Ferme des animaux*, chapitre I, 1945, traduit de l'anglais par Jean Queval, © Éditions Champ Libre/Ivrea, Paris, 1981 et 2009

Sage l'Ancien, un cochon de la ferme de M. Jones, se réveille d'un songe : il y a reçu la révélation que l'Homme était nuisible aux animaux. Le lendemain, il s'adresse à eux pour les inciter à se révolter contre lui.

« *Camarades, vous avez déjà entendu parler du rêve étrange qui m'est venu la nuit dernière. Mais j'y reviendrai tout à l'heure.* J'ai d'abord quelque chose d'autre à vous dire. Je ne compte pas, camarades, passer encore de longs mois parmi vous. Mais avant de mourir je voudrais m'acquitter d'un devoir, car je désire vous faire profiter de la sagesse qu'il m'a été donné d'acquérir. Au cours de ma longue existence, j'ai eu, dans le calme de la porcherie, tout loisir de méditer. Je crois être en mesure de l'affirmer : j'ai, sur la nature de la vie en ce monde, autant de lumières que tout autre animal. C'est de quoi je désire vous parler.

1. Chéchia typique du Proche-Orient et du Moyen-Orient.

Quelle est donc, camarades, la nature de notre existence ? Regardons les choses en face : nous avons une vie de labeur, une vie de misère, une vie trop brève. Une fois au monde, il nous est tout juste donné de quoi survivre, et ceux d'entre nous qui ont la force voulue sont astreints au travail jusqu'à ce qu'ils rendent l'âme. Et dans l'instant que nous cessons d'être utiles, voici qu'on nous égorge avec une cruauté inqualifiable. Passée notre première année sur cette terre, il n'y a pas un seul animal qui entrevoie ce que signifient des mots comme loisir ou bonheur. Et quand le malheur l'accable, ou la servitude, pas un animal qui soit libre. Telle est la simple vérité.

Et doit-il en être tout uniment ainsi par un décret de la nature ? Notre pays est-il donc si pauvre qu'il ne puisse procurer à ceux qui l'habitent une vie digne et décente ? Non, camarades, mille fois non ! Fertile[1] est le sol de l'Angleterre et propice son climat. Il est possible de nourrir dans l'abondance un nombre d'animaux bien plus considérable que ceux qui vivent ici. Cette ferme à elle seule pourra pourvoir[2] aux besoins d'une douzaine de chevaux, d'une vingtaine de vaches, de centaine de moutons – tous vivant dans l'aisance une vie honorable. Le hic[3], c'est que nous avons le plus grand mal à imaginer chose pareille. Mais puisque telle est la triste réalité, pourquoi en sommes-nous toujours à végéter[4] dans un état pitoyable ? Parce que tout le produit de notre travail, ou presque, est volé par les humains ; Camarades, là se trouve la réponse à nos problèmes. Tout tient en un mot : l'Homme. Car l'Homme est notre seul véritable ennemi. Qu'on le supprime, et voici extirpée la racine du mal. Plus à trimer sans relâche ! Plus de meurt-la-faim[5] !

---

1. Fécond, productif.
2. Subvenir, assurer.
3. Problème, difficulté.
4. Demeurer dans l'inaction.
5. Nécessiteux.

L'Homme est la seule créature qui consomme sans produire. Il ne donne pas de lait, il ne pond pas d'œufs, il est trop débile[1] pour pousser la charrue, bien trop lent pour attraper un lapin. Pourtant le voici le suzerain[2] de tous les animaux. Il distribue les tâches entre eux, mais ne leur donne en retour que la maigre pitance[3] qui les maintient en vie. Puis il garde pour lui le surplus. Qui laboure le sol ? Nous ! Qui le féconde ? Notre fumier ! Et pourtant pas un parmi nous qui n'ait que sa peau pour tout bien. Vous, les vaches là devant moi, combien de centaines d'hectolitres de lait n'avez-vous pas produit l'année dernière ? Et qu'est-il advenu de ce lait qui aurait permis d'élever vos petits, de leur donner force et vigueur ? De chaque goutte l'ennemi s'est délecté et rassasié. Et vous les poules, combien d'œufs n'avez-vous pas pondus cette année ? Et combien de ces œufs avez-vous couvés ? Tous les autres ont été vendus au marché, pour enrichir Jones et ses gens ! Et toi, Douce, où sont les quatre poulains que tu as portés, qui auraient été la consolation de tes vieux jours ? Chacun d'eux fut vendu à l'âge d'un an, et plus jamais tu ne les reverras ! En échange de tes quatre maternités et du travail aux champs, que t'a-t-on donné ? De strictes rations de foin plus un box dans l'étable !

Et même nos vies misérables s'éteignent avant le terme. Quant à moi, je n'ai pas de hargne[4], étant de ceux qui ont eu de la chance. Me voici dans ma treizième année, j'ai eu plus de quatre cents enfants. Telle est la vie normale chez les cochons, mais à la fin aucun animal n'échappe au couteau infâme. Vous autres, jeunes porcelets assis là et qui m'écoutez, dans les douze mois chacun de vous, sur le point d'être exécuté, hurlera

1. Faible.
2. Seigneur.
3. Nourriture.
4. Agressivité.

d'atroce souffrance. Et à cette horreur et à cette fin, nous sommes tous astreints – vaches et cochons, moutons et poules, et personne n'est exempté[1]. Les chevaux eux-mêmes et les chiens n'ont pas un sort plus enviable. Toi, Malabar, le jour où tes muscles fameux n'auront plus leur force ni leur emploi, Jones te vendra à l'équarrisseur[2], et l'équarrisseur te tranchera la gorge ; il fera bouillir tes restes à petit feu, et il en nourrira la meute de ses chiens. Quant aux chiens eux-mêmes, une fois édentés et hors d'âge, Jones leur passe une grosse pierre au cou et les noie dans l'étang le plus proche.

Camarades, est-ce que ce n'est pas clair comme de l'eau de roche ? Tous les maux de notre vie sont dus à l'Homme, notre tyran. Débarrassons-nous de l'Homme, et nôtre sera le produit de notre travail. C'est presque du jour au lendemain que nous pourrions devenir libres et riches. À cette fin, que faut-il ? Eh bien, travailler de jour et de nuit, corps et âme, à renverser la race des hommes. C'est là mon message, camarades. Soulevons-nous ! Quand aura lieu le soulèvement, cela je l'ignore ; dans une semaine peut-être ou dans un siècle. Mais, aussi vrai que sous moi je sens de la paille, tôt ou tard justice sera faite. Ne perdez pas de vue l'objectif, camarades, dans le temps compté qui vous reste à vivre. Mais avant tout, faites part de mes convictions à ceux qui viendront après vous, afin que les générations à venir mènent la lutte jusqu'à la victoire finale. Et souvenez-vous-en, camarades : votre résolution ne doit jamais se relâcher. Nul argument ne vous fera prendre des vessies pour des lanternes[3]. Ne prêtez pas l'oreille à ceux selon qui l'Homme et les animaux ont des intérêts communs, à croire vraiment que de la prospérité de l'un dépend celle des autres ? Ce ne sont que

---

1. Épargné.
2. Celui qui fait le métier, dans un abattoir, de tuer et de dépecer les bêtes.
3. Ne vous trompera, ne vous abusera.

des mensonges. L'Homme ne connaît pas d'autres intérêts que les siens. Que donc prévalent[1], entre les animaux, au fil de la lutte, l'unité parfaite et la camaraderie sans faille. Tous les hommes sont des ennemis. Les animaux entre eux sont tous camarades. »

Honoré Daumier (1808-1879)

« Voyez M. Mayeux... », *Le Charivari*, 6 octobre 1836

En 1831, le caricaturiste Traviès invente, dans le personnage bossu de Mayeux, le type du bourgeois vulgaire. Honoré Daumier reprend ce personnage comique alors connu de tous et le confronte à un singe... La légende de l'image dit ceci : « Voyez M. Mayeux, cet animal tient le milieu entre l'homme et le singe. – Dieu de Dieu ! Il peut se flatter d'être b...ent[2] laid ! »

1. Triomphent.
2. Bougrement, bigrement, c'est-à-dire extrêmement.

Lutter pour les droits des femmes

MOLIÈRE (1622-1673)

L'École des femmes, acte III, scène 2 (1662)

Dans cette pièce, Arnolphe, dans le but de l'épouser, élève une jeune fille dans l'ignorance afin de la garder sage et vertueuse. Il lui explique les lois du mariage.

ARNOLPHE, *assis*
Agnès, pour m'écouter, laissez là votre ouvrage.
Levez un peu la tête et tournez le visage :
(Mettant le doigt sur son front.)
Là, regardez-moi là durant cet entretien ;
Et, jusqu'au moindre mot, imprimez-le-vous bien.
Je vous épouse, Agnès ; et, cent fois la journée,
Vous devez bénir l'heur[1] de votre destinée [...].
Le mariage, Agnès, n'est pas un badinage[2].
À d'austères[3] devoirs le rang de femme engage :
Et vous n'y montez pas, à ce que je prétends,
Pour être libertine et prendre du bon temps.
Votre sexe n'est là que pour la dépendance.
Du côté de la barbe est la toute-puissance.
Bien qu'on soit deux moitiés de la société,

1. Chance, bonne fortune.
2. Plaisanterie.
3. Sévères.

Ces deux moitiés pourtant n'ont point d'égalité :
L'une est moitié suprême, et l'autre subalterne[1] :
L'une en tout est soumise à l'autre qui gouverne.
Et ce que le soldat dans son devoir instruit
Montre d'obéissance au chef qui le conduit,
Le valet à son maître, un enfant à son père,
À son supérieur le moindre petit frère,
N'approche point encor de la docilité,
Et de l'obéissance, et de l'humilité,
Et du profond respect, où la femme doit être
Pour son mari, son chef, son seigneur, et son maître.
Lorsqu'il jette sur elle un regard sérieux,
Son devoir aussitôt est de baisser les yeux,
Et de n'oser jamais le regarder en face
Que quand d'un doux regard il lui veut faire grâce.
C'est ce qu'entendent mal les femmes d'aujourd'hui ;
Mais ne vous gâtez pas sur l'exemple d'autrui.

George Sand (1804-1876)

Indiana, 1832

Indiana s'est mariée avec un homme plus âgé qu'elle, le colonel Delmare, autoritaire et brutal. Elle tombe amoureuse de Raymon, à qui cependant elle ne cède pas par respect pour son mari. À la suite d'un revers de fortune, le colonel veut repartir à l'île Bourbon (la Réunion) où elle a été élevée.

1. Inférieure.

Comme le Code civil lui en donne le droit, il veut contraindre Indiana à le suivre.

Quand son mari l'aborda d'un air impérieux[1] et dur, il changea tout d'un coup de visage et de ton, et se trouva contraint devant elle, maté[2] par la supériorité de son caractère. Il essaya alors d'être digne et froid comme elle ; mais il n'en put jamais venir à bout.

« Daignerez-vous m'apprendre, madame, lui dit-il, où vous avez passé la matinée et peut-être la nuit ? »

Ce *peut-être* apprit à madame Delmare que son absence avait été signalée assez tard. Son courage s'en augmenta.

« Non, Monsieur, répondit-elle, mon intention n'est pas de vous le dire. »

Delmare verdit de colère et de surprise.

« En vérité, dit-il d'une voix chevrotante, vous espérez me le cacher ?

– J'y tiens fort peu, répondit-elle d'un ton glacial. Si je refuse de vous répondre, c'est absolument pour la forme. Je veux vous convaincre que vous n'avez pas le droit de m'adresser cette question.

– Je n'en ai pas le droit, mille couleuvres ! Qui donc est le maître ici, de vous ou de moi ? qui donc porte une jupe et doit filer une quenouille[3] ? Prétendez-vous m'ôter la barbe du menton ? Cela vous sied bien, femmelette !

– Je sais que je suis l'esclave et vous le seigneur. La loi de ce pays vous a fait mon maître. Vous pouvez lier mon corps, garrotter[4] mes mains, gouverner mes actions. Vous avez le droit du plus fort, et la société vous

---

1. Autoritaire.
2. Dompté, soumis.
3. Bâton entouré de laine à filer.
4. Attacher solidement.

le confirme ; mais sur ma volonté, Monsieur, vous ne pouvez rien, Dieu seul peut la courber et la réduire. Cherchez donc une loi, un cachot, un instrument de supplice qui vous donne prise sur elle ! c'est comme si vous vouliez manier l'air et saisir le vide !

– Taisez-vous, sotte et impertinente créature ; vos phrases de roman nous ennuient.

– Vous pouvez m'imposer silence, mais non m'empêcher de penser.

– Orgueil imbécile, morgue[1] de vermisseau[2] ! vous abusez de la pitié qu'on a de vous ! Mais vous verrez bien qu'on peut dompter ce grand caractère sans se donner beaucoup de peine.

– Je ne vous conseille pas de le tenter, votre repos en souffrirait, votre dignité n'y gagnerait rien.

– Vous croyez ? dit-il en lui meurtrissant[3] la main entre son index et son pouce.

– Je le crois », dit-elle sans changer de visage.

SÉVERINE (1855-1929)

« Électeurs ! », *Le Progrès de Bel-Abbès*, 25 et 28 mai 1910

Caroline Rémy, connue sous le nom de Séverine, est une journaliste et écrivaine parmi les précurseurs du féminisme. Elle dirige Le Cri du peuple, *journal fondé par son ami Jules Vallès. En 1910, elle commente dans un article bref et incisif la prescription de la loi électorale qui interdit aux femmes l'entrée du Parlement.*

---

1. Arrogance.
2. Petit ver.
3. Blessant.

Cet ignorant qui ne sait ni lire, ni écrire, si incapable de distinguer sa droite de sa gauche qu'au régiment[1] ses chefs feront garnir différemment ses deux sabots, et que les mouvements s'exécuteront au commandement : « Paille ! Foin !... Paille ! Foin ! », cet ignorant est électeur. Ce butor[2] qui assomme ses chevaux à coups de fouet, sans discernement, sans pitié, sans même le souci de son intérêt, qui distribue à tort et à travers l'injustice et la souffrance, ce butor est électeur... Ce pochard[3] qui ne désemplit pas[4], de l'aube au crépuscule et du soir au matin, ce semblant d'homme, aviné, hoqueteux[5], baveux, ayant laissé sa raison au fond du premier verre, tellement il est intoxiqué, tantôt ricochant d'un mur à l'autre et tantôt vautré dans ses déjections, ce pochard est électeur... Électeur encore, ce fainéant qui se fait nourrir par sa femme, et cet apache[6] qui vit de la fille ; électeur, ce gâteux qui s'usa les moelles en de sales noces ; électeur, ce demi-fou et ce fou prétendu guéri. Électeur enfin l'imbécile, maître du monde ! Mais la femme réputée inférieure à tous ceux-là, n'a d'emploi que comme contribuable[7] ; qu'un devoir : celui de payer ; qu'un droit : celui de se taire.

1. À l'armée.
2. Homme lourdaud, grossier et stupide.
3. Ivrogne.
4. Qui est toujours ivre.
5. Qui a le hoquet par ivresse.
6. Bandit, malfaiteur.
7. Personne qui paye des impôts.

Isabelle Alonso (née en 1953)

« Vous êtes féministe, c'est contagieux ? », © *Gonflées à blog* (www.isabelle-alonso.com), 6 mai 2004

Cofondatrice des « Chiennes de garde » à la suite d'insultes sexistes proférées en 1999 contre la ministre de l'Environnement, Isabelle Alonso reste présidente de l'association jusqu'en 2003 et n'a de cesse de se battre pour la dignité des femmes et contre les agressions sexistes.

« Ah bon ? Vous êtes féministe ? Vous ? Mais pourquouâââ ? ? ? » C'est LA question, celle qu'on me pose le plus souvent. Sous-entendu : t'es pas trop moche, pas trop con, t'as un homme qui t'aime, tu gagnes ta vie, personne te bat, alors qu'est-ce qui se passe ? Et en me la posant, on adopte en général le rictus[1] mi-ahuri mi-dégoûté qu'on réserve habituellement au spectacle peu ragoûtant[2] d'un cas de vitiligo, de pelade ou d'acné purulent[3]. Je ne suis pas sûre que les militants antiracistes l'entendent aussi : « Ah bon ? Z'êtes antiraciste ? Mais pourquoi ? » Certains engagements paraissent aller de soi. D'autres non. Féministe ? On s'interroge sur une aussi étrange affection[4] comme sur une maladie honteuse. [...] Être féministe apparaît dans l'esprit de mes interlocuteurs comme une anomalie, à la limite de la pathologie[5], plus que comme le résultat d'une analyse raisonnable et d'une pensée logique. On ne saurait avoir chuté dans le féminisme qu'à l'occasion d'un choc

---

1. Sourire grimaçant, cruel, hostile ou moqueur.
2. Appétissant.
3. Maladies de peau.
4. Maladie.
5. Maladie.

enfantin, d'une frustration chronique ou d'un grave dérèglement du sens commun.

Le féminisme, je suis tombée dedans quand j'étais petite, mais pas à l'occasion d'un événement particulier. Plutôt par l'accumulation dès mon plus jeune âge, d'innombrables épisodes d'un interminable feuilleton. Spectacle permanent, sans entracte, ni pause, ni issue de secours, ni panneau de fin d'une injustice qui, aux yeux des autres, semblait aller de soi. Je ne savais pas encore que ma révolte avait un nom. Je ne connaissais pas le mot féministe. Mais à sept ans je l'étais autant qu'aujourd'hui. Avec moins d'arguments mais autant de vigueur, voire plus. J'étais une petite fille qui n'a jamais accepté le deal foireux que nos traditions proposent aux femmes. Je ne crois pas être la seule.

Mon interlocuteur-rice, déçu-e par l'absence de cette catastrophe qui seule pourrait donner une explication acceptable à mon étrange penchant, plisse alors le front dans ce geste familier aux constipés luttant contre leur malédiction intestinale et finit par extraire de son cortex[1] une deuxième explication ! Merveille ! Il-elle entrevoit soudain une autre possibilité et l'exprime avec les précautions oratoires habituelles qu'on emploie à l'égard d'un sous-développé culturel : « Faut dire qu'avec vos origines, ça doit pas être facile… l'Espagne, c'est très… méditerranéen ! Et les Espagnols sont très machos, évidemment… Ça doit y faire, sûrement… » On m'imagine à ce moment, en proie à la férocité d'un patriarche jaloux de ses prérogatives[2] et gardien de l'honneur familial. Certes, mon père présente physiquement des traits suspects : œil noir, cheveu noir, moustache assortie, teint sombre, brrr ! On tremble ! Sauf que mon papa est un vrai humaniste, tolérant, plein

1. Partie externe du cerveau.
2. Privilèges.

d'humour et très fier que ses filles sortent des sentiers battus. Donc, ce n'est pas ça non plus.

Alors voilà. Tous les démocrates un tantinet[1] cohérents sont d'accord pour affirmer que l'égalité hommes femmes est aussi souhaitable que loin d'être acquise. Je suis féministe par pure cohérence entre ce que je constate et ce que ma pensée en déduit. Je suis féministe parce que je suis démocrate et que l'injustice me révolte. Je suis féministe parce que le patriarcat est encore aussi solide qu'il est obsolète[2], révoltant, et dangereux. Je suis féministe parce que je me fous de déplaire à l'ordre établi et à ses thuriféraires[3]. Voilà.

La question que je me pose, moi, n'est pas de savoir pourquoi on est féministe mais comment les autres se débrouillent pour ne pas l'être. Et pourquoi le fait de l'être apparaît aujourd'hui encore, aussi scandaleux. Combien de gens, croisés par hasard, me disent au bout de quelques minutes : « Mais, finalement, vous êtes très sympa, j'aurais jamais cru ! » Je suis stupéfaite. Le communiste au couteau entre les dents est une image qui a vécu, mais la méchante-hystérique-qui-déteste-les-hommes est encore aujourd'hui l'image la plus immédiatement associée à la féministe. Pourquoi ? Mystère et boule de gomme. Ou alors, il faut croire que les idées féministes dérangent vraiment beaucoup. Et ça non plus, je ne comprends pas pourquoi. Le féminisme est un mouvement humaniste, pacifiste, non violent, démocratique. Il ne se bat que pour la justice et la liberté de choix pour les femmes comme pour les hommes. Moi, je trouve ça plutôt admirable. Je considère comme une source de fierté personnelle le fait de faire partie de ce mouvement. Qu'on

---

1. Un peu.
2. Dépassé, désuet.
3. Adorateurs, partisans.

m'explique alors ce qui le rend aussi rébarbatif[1]. L'ignorance, peut-être ? Ou la connerie ? Ou les deux ?

Pour finir, l'interlocuteur décontenancé se raccroche à un espoir ultime : « Mais, quand même (sous-entendu : malgré l'arrache-couilles moral que vous portez en bandoulière) rassurez-nous, vous aimez les hommes ? ». Tits chouchous, faut les aimer ! En bloc ? Tous ? Inconditionnellement ? Oui ! Autrement ils sont tous décontenancés, dévirilisés, angoissés ! Autant vous avouer : je considère les hommes comme des individus. Il y en a que j'aime, beaucoup. Il y en a que j'aime tout court. Et d'autres que je déteste. Énormément. Ce que je rejette, c'est un système d'oppression, pas des gens. C'est tout de même pas compliqué !

Quant aux femmes qui ont tellement peur de déplaire qu'elles passent leur temps à affirmer qu'elles ne sont pas féministes, j'ai un message : les féministes attirent le haut du panier, c'est-à-dire les hommes sensibles, intelligents et sûrs de leur virilité. Tout bénef[2] ! Blague à part, les filles, arrêtez d'avoir peur de l'opinion des imbéciles ! Se battre pour ses droits, pour plus de justice, pour un monde meilleur, est tout à l'honneur de celles et de ceux qui le font. Affirmer son autonomie et sa liberté de choix n'est pas seulement une source de fierté, c'est aussi ce que nous devons aux filles que nous mettons au monde. Pensez à ce que serait notre vie si les féministes n'avaient pas existé : pas de droit de vote, pas de contraception, pas d'études, pas de travail rémunéré, pas de liberté de mouvement… Alors arrêtez de dire que vous n'êtes pas féministes : vous profitez chaque jour des luttes de celles qui ont eu hier le courage que vous n'avez pas aujourd'hui.

---

1. Repoussant.
2. Tout bénéfice.

Philippe Geluck (né en 1954)

« Boire dans des canettes... », *La Marque du Chat*,

© Casterman, 2007

Le personnage du Chat, créé en 1983, traite avec humour les faits de société, l'actualité et les mœurs contemporaines.

En finir avec la société de consommation

Jacques Sternberg (1923-2006)

« Le Credo », *Histoires à dormir sans vous*, © Éditions Denoël, 1990

Dans « Le Credo », l'une des quatre-vingts nouvelles de son onzième recueil, Jacques Sternberg dénonce la manipulation de la publicité.

Il avait toujours été fasciné par la publicité à la télévision. Il n'en manquait jamais aucune, les jugeait pleines d'humour, d'invention, et même les films l'intéressaient moins que les coupures publicitaires dont ils étaient lardés[1]. Et pourtant la pub ne le poussait guère à la consommation effrénée, loin de là. Sans être avare, ni particulièrement économe, il n'associait pas du tout la publicité à la notion d'achat.

Jusqu'au jour où il abandonna son apathie d'avaleur d'images pour prendre quelque recul et constater que la plupart des pubs ménagères, alimentaires, vacancières ou banalement utilitaires étaient toutes, d'une façon ou d'une autre, fondées sur la notion du plus, de la réussite à tous les niveaux, de la santé à toute épreuve, de l'hygiène à tout prix, de la force et de la beauté obtenues en un seul claquement de doigt.

Or, il avait toujours vécu avec la conscience d'être un homme fort peu remarquable, ni bien séduisant ni tellement laid, de taille moyenne, pas très bien bâti, plutôt fragile, pas spécialement attiré par les femmes et fort peu attirant aux yeux de ces mêmes femmes. Bref, il se sentait

1. Entrecoupés.

dans la peau d'un homme comme tant d'autres, anonyme, insignifiant, impersonnel.

Il en avait souffert parfois, il s'y était fait à la longue. Jusqu'au jour où, brusquement, toutes les publicités engrangées lui explosèrent dans la tête pour se concentrer en un seul flash aveuglant, converger vers une volonté bouleversante qui pouvait se résumer en quelques mots : il fallait que ça change, qu'il devienne une bête de consommation pour s'affirmer un autre, un plus, un must, un extrême, un miracle des mirages publicitaires.

Il consacra toute son énergie et tout son argent à atteindre ce but : se dépasser lui-même. Parvenir au stade suprême : celui d'homme de son temps, de mâle, de héros de tous les jours, tous terrains, toutes voiles dehors.

C'est sur le rasoir Gillette qu'il compta pour décrocher la perfection au masculin et s'imposer comme le meilleur de tous en tout dès le matin. La joie de vivre, il l'ingurgita en quelques minutes grâce à deux tasses de Nescafé. Après s'être rasé, il s'imbiba de Savane, l'eau de toilette aux effluves sauvages qui devaient attirer toutes les femmes, à l'exception des laiderons[1], évidemment. Et pour mettre encore plus d'atouts dans son jeu, en sortant de son bain, il s'aspergea de City, le parfum de la réussite. Sans oublier d'avaler son verre d'eau d'Évian, la seule qui devait le mener aux sources pures de la santé. Il croqua ensuite une tablette de Nestlé, plus fort en chocolat, ce qui ne pouvait que le rendre plus fort dans la vie. Puis il décapsula son Danone se délectant de ce yaourt spermatique, symbole visuel de la virilité. Et termina par quelques gorgées de Contrex, légendaire contrat du bonheur.

1. Femmes laides.

Il eut la prudence de mettre un caleçon Dim, celui du mâle heureux. Sa chemise avait été lavée par Ariel qui assurait une propreté insoutenable repérable à cent mètres. Il rangea ses maigres fesses dans un Levi's pour mieux les rendre fascinantes à chaque mouvement. Il enfila ses Nike à coussins d'air, avec la conscience de gagner du ressort pour toute la journée. Son blouson Adidas lui donna un supplément d'aisance, celle des jeunes cadres qui vivaient entre jogging et marketing.

Avant de sortir pour aller au bureau, il vida une bouteille de Coca-Cola pour sentir lui couler dans les veines la sensation Coke, il croqua ensuite une bouchée Lion qui le fit rugir de bonheur et le gorgea[1] d'une bestiale volonté de défier le monde de tous ses crocs. Il ne lui restait plus qu'à poser sur son nez ses verres solaires Vuarnet, les lunettes du champion, et d'allumer une Marlboro, la cigarette de l'aventurier toujours sûr de lui, que ce soit dans la savane ou sur le périphérique.

Lesté[2], des yeux aux pieds, de tous ces ingrédients de choc, il aborda sa journée de morne[3] travail aux assurances en enlevant avec brio quelques affaires en suspens depuis des semaines et constata que plusieurs employées se retournaient sur son passage dans les corridors, sans compter que l'une d'elles lui avait adressé quelques mots.

Il quitta le bureau au milieu de l'après-midi pour aller dans un pub voisin où il commanda un Canada Dry, le dégustant avec la mâle assurance du buveur de whisky certain de ne pas dévier dans l'ivresse. Et rien qu'en jetant un vague regard derrière lui, il repéra immédiatement une jeune femme qui lui parut digne de se donner à lui. Elle était très joliment faite, un peu timide sans doute, mais l'air pas trop farouche

---

1. Emplit.
2. Chargé.
3. Terne, sans éclat.

et fort mignonne. Pour un homme peu habitué à la drague, il avait eu du flair et le coup d'œil. Grâce à Pink, Floc, Crash, Zoung, Blom ou Scratch sans doute.

Sans hésiter, il l'invita à prendre un verre à sa table. Elle le regarda de haut en bas, eut presque l'air de le humer[1], accusa alors un léger mouvement de recul impressionné.

– M'asseoir à votre table ? dit-elle d'une voix essoufflée. Je n'oserais jamais. Vous êtes vraiment trop pour moi.

Il la rassura, l'enjôla[2], la cajola du regard, de la parole et, à peine une heure plus tard, il se retrouvait avec elle dans son petit appartement de célibataire. Il lui servit un Martini blanc, ne prit rien et lui demanda de l'excuser un instant après lui avoir délicatement effleuré les lèvres. Il ressentait le besoin de se raser de près.

Il entra dans sa minuscule salle de bains où la jeune femme, subjuguée[3], le suivit. Il s'aspergea de mousse à raser Williams surglobulée[4] par l'anoline R4 diluée dans du menthol vitaminé, puis il prit son rasoir Gillette et vit sa compagne se décomposer.

– Non, balbutia-t-elle, oh ! non ! Moi qui croyais que vous seriez mon idéal… mon rêve de perfection masculine... Mais ce n'est pas avec Contour Gillette que vous vous rasez, c'est avec Gillette G.II... Rien ne sera jamais possible...

Il n'eut même pas le temps de la rattraper, déjà elle avait ouvert et refermé la porte derrière elle.

---

1. Sentir.
2. La séduisit par des propos doux.
3. Séduite, envoûtée.
4. Enrichie (néologisme).

Amélie Nothomb (née en 1966)

Acide sulfurique, troisième et quatrième parties, © Éditions Albin Michel, 2005

Ce roman d'Amélie Nothomb plonge le lecteur dans une émission de téléréalité qui place ses participants dans un camp de concentration, sous la surveillance de kapos. Zedna, l'une d'entre eux, tombe amoureuse de Pannonique, l'héroïne immatriculée CKZ 114. Comment en finir avec un tel programme ? Qui est responsable ? Telles sont les questions que se posent les prisonniers de cette abjecte émission.

Les prisonniers étaient les seuls êtres humains à ne jamais avoir vu ne fût-ce qu'une seconde de « Concentration ». C'était leur unique privilège.

– Je me demande quelles séquences intéressent le plus le public, dit MDA 802 pendant le dîner.

– Je suis sûr que ce sont les passages de mise à mort, dit un homme.

– C'est à craindre, enchaîna Pannonique.

– Les violences aussi, dit une femme. La schlague[1], les hurlements, ça doit les défouler.

– Certainement, dit MDA 802. Et les séquences « émotion » : là, ils doivent se pourlécher[2].

– Selon vous, demanda EPJ 327, qui sont les plus coupables ?

– Les kapos, répondit l'homme.

– Non : les organisateurs, intervint quelqu'un qui ne parlait jamais.

---

1. Punition à coup de fouet ou de baguette.
2. Lécher les babines.

– Les hommes politiques qui n'interdisent pas une telle monstruosité, dit MDA 802.

– Et vous, Pannonique, qu'en pensez-vous ? interrogea EPJ 327.

Il y eut un silence, comme chaque fois que l'attention se dirigeait vers la jeune fille.

– Je pense que les plus coupables sont les spectateurs, répondit-elle.

– N'êtes-vous pas un peu injuste ? demanda l'homme. Les gens rentrent de leur journée de travail, ils sont épuisés, mornes, vidés.

– Il y a d'autres chaînes, dit Pannonique.

– Vous savez bien que le programme télévisé est souvent l'unique conversation des gens. C'est pour ça que tout le monde regarde les mêmes choses : pour ne pas être largué et avoir quelque chose à partager.

– Eh bien, qu'ils regardent tous autre chose, dit la jeune fille.

– C'est ce qu'il faudrait, bien sûr.

– Vous en parlez comme d'un idéal utopique, reprit Pannonique. Il ne s'agit que de changer de chaîne de télévision, ce n'est quand même pas très difficile.

– Je ne suis pas d'accord, déclara MDA 802. Le public a tort, c'est sûr. De là à dire que c'est lui le plus coupable ! Sa nullité est passive. Les organisateurs et les politiques sont mille fois plus criminels.

– Leur scélératesse[1] est autorisée et donc créée par les spectateurs, dit Pannonique. Les politiques sont l'émanation du public[2]. Quant aux organisateurs, ce sont des requins qui se contentent de se glisser là où il y a des failles, c'est-à-dire là où il existe un marché qui leur rapporte. Les spectateurs sont coupables de former un marché qui leur rapporte.

---

1. Méchanceté, perfidie.
2. Les politiques sont la voix, l'expression de leurs électeurs.

– Ne pensez-vous pas que ce sont les organisateurs qui créent le marché, comme un publicitaire crée un besoin ?

– Non. L'ultime responsabilité revient à celui qui accepte de voir un spectacle aussi facile à refuser.

– Et les enfants ? dit la femme. Ils rentrent de l'école avant les parents, qui n'ont pas forcément les moyens de leur payer une garde. On ne peut pas contrôler ce qu'ils regardent à la télévision.

– Voyez comment vous êtes, déclara Pannonique, à trouver mille dérogations, mille indulgences, mille excuses et mille circonstances atténuantes là où il faut être simple et ferme. Pendant la dernière guerre, ceux qui avaient choisi la résistance savaient que ce serait difficile, voire impossible. Et pourtant ils n'ont pas hésité, ils ne se sont pas perdus en tergiversations[1] : ils ont résisté pour cette unique raison qu'il n'y avait pas moyen de faire autrement. Soit dit en passant, leurs enfants les ont imités. Il ne faut pas prendre les enfants pour des idiots. Un gosse éduqué fermement n'est pas le crétin qu'on tente de nous imposer.

– Vous avez un projet de société, Pannonique ? ironisa l'homme.

– Même pas. Je suis du côté de l'orgueil et de l'estime, là où eux n'en ont que pour le mépris. C'est tout.

– Et vous, EPJ 327, qui ne dites rien, qu'en pensez-vous ?

– Je constate avec effroi qu'il y a ici une seule personne dont on peut être sûr qu'elle n'aurait jamais regardé « Concentration », et c'est Pannonique. J'en conclus que c'est forcément elle qui a raison, répondit-il.

Il y eut une gêne.

[...]

1. Hésitations, manières de tourner autour du pot.

Il advint que l'audience cessât de croître. Elle ne baissa pas le moins du monde, mais elle n'augmenta plus.

Les organisateurs s'affolèrent. « Concentration » existait depuis six mois, pendant lesquels la courbe avait été continuellement ascendante, avec parfois de très lentes montées, parfois des pics de croissance lors des incidents les plus médiatisés – jamais de stagnation.

– C'est notre premier plat, dit l'un d'entre eux.

– Un plat est toujours un faux plat, dit un autre. C'est une loi de la nature : ce qui n'avance pas recule.

– Il n'empêche que notre audience est énorme et reste la plus écrasante jamais obtenue par une émission.

– Ce n'est pas suffisant. Si nous ne préparons pas l'avenir, nous aurons tôt ou tard une mauvaise surprise.

– Forcément : les médias ne parlent plus de nous. Ils ont passé des mois à ne parler que de « Concentration », et maintenant, ils ont changé de sujet. Si nous voulons à nouveau attirer l'attention, il faut trouver quelque chose.

L'un d'eux proposa de consacrer un magazine aux principaux candidats, comme cela s'était pratiqué pour les shows télévisés de la décennie précédente, avec des photos et des interviews des vedettes.

– Impossible, lui dit-on. Ce ne serait envisageable qu'avec les kapos. Or les vraies vedettes de l'émission, ce sont les prisonniers. Et puisque nous reproduisons ici les conditions d'un véritable camp de concentration, nous ne pouvons pas les interviewer : ce serait contraire au principe de déshumanisation qui gouverne tout camp qui se respecte.

– Et alors ? Peut-être faut-il évoluer sur cette idée. Quand CKZ 114 a acquis une identité en révélant son prénom, nous avons eu une couverture médiatique formidable.

– Ça n'a fonctionné que pour elle. Il ne faut surtout pas banaliser sa trouvaille.

– C'est qu'elle est sacrément belle, cette petite. Dommage qu'elle se soit un peu calmée, ces derniers temps.

– Comment vont ses amours avec Zdena ? Ce serait une idée, le bourreau et la victime...

– Non, le public aime qu'elle soit une vierge inaccessible.

– De toute façon, ce n'est pas ça qui nous sauverait du gouffre. Il nous faut un plan neuf.

Les organisateurs planchèrent encore avant de se réunir en table ronde. On but des litres de café, on fuma.

– Le seul défaut de « Concentration », c'est que ce n'est absolument pas interactif, remarqua l'un d'eux.

– L'interactivité : ils n'ont que ce mot à la bouche depuis vingt ans.

– Et pour cause : le public adore participer. Il adore qu'on lui demande son avis.

– Comment rendre notre émission interactive ?

Il y eut un silence.

– C'est évident ! s'exclama quelqu'un. C'est au public de faire le travail des kapos !

– La schlague ?

– Non ! La sélection pour la mise à mort.

– Je crois qu'on tient l'idée.

– On diffuse un numéro de téléphone très cher ?

– Mieux encore : on procède par télétexte. C'est beaucoup plus fort si le spectateur peut tout régler rien qu'avec sa zapette[1]. Il lui suffit de

1. Télécommande.

tapoter les trois lettres et les trois chiffres du matricule de celui qu'il décide d'éliminer.

– Génial ! Ça vaut les jeux du cirque, à Rome, le pouce vers le haut ou vers le bas.

– Vous êtes fous. La participation sera nulle. Aucun spectateur n'osera désigner les victimes.

Tous les yeux convergèrent vers celui qui venait de parler.

– On parie combien ? demanda un autre.

Ils hurlèrent de rire.

– L'émission est sauvée, décréta le chef du symposium[1], mettant ainsi fin à la réunion.

Sylvain Tesson (né en 1972)

« Les porcs », *Une vie à coucher dehors*, © Éditions Gallimard, 2009

Parmi les quinze textes de ce recueil, qui a obtenu le prix Goncourt de la nouvelle en 2009, « Les porcs » expose la prise de conscience d'un éleveur anglais : après des années à pratiquer l'élevage industriel, il n'en peut plus de faire souffrir ses bêtes.

> They have convinced themselves that man, the worst transgressor of all the species, is the crown of creation. All other creatures were created merely to provide him with food, pelts, to be tormented, exterminated.

1. Réunion, table ronde.

In relation to them, all people are Nazis ; for the animals it is an eternal Treblinka[1].

Isaac B. Singer, *The Letter Writer.*

UNE LETTRE POSTÉE DE KENTBURY ÉTAIT PARVENUE CE MATIN-LÀ AU TRIBUNAL DE SHIPBURDEN, À L'ATTENTION SPÉCIALE DE L'ATTORNEY[2] DU CHEF-LIEU.

« Cher Monsieur,

Ce n'était pas pour en arriver là !

De père en fils, nous vivons ici, comme nos grands-parents et comme les parents de nos grands-parents et même plus loin dans le passé, comme les fondateurs de notre famille. Dans notre sang, la vigueur des fermiers. Ceux qui ont dépierré les champs, levé les murets, préservé les carrés de forêts et prospéré sur ce calcaire. La question du destin ne se posait jamais : les gosses reprenaient la ferme des pères. Ils travaillaient dur et se montraient dignes. J'ai hérité de la mienne en 1969.

Le Dorset[3] était un paradis, la vie était douce.

Qu'avons-nous fait et qui est coupable ?

Comment avons-nous pu laisser l'enfer s'inviter sur ce carré de terre ?

Je ne veux plus entendre leurs cris. Je ne peux plus les supporter.

Ils vivent dans l'obscurité en permanence. Lorsqu'on fait coulisser la porte à glissière, ils entendent le grincement et commencent à geindre.

---

1. « Ils se sont convaincus que l'homme, le pire transgresseur de toutes les espèces, est le sommet de la création. Toutes les autres créatures ont été créées simplement pour lui fournir de la nourriture, des peaux, pour être tourmentées, exterminées. Par rapport à eux, tous les gens sont nazis ; pour les animaux, c'est un Treblinka éternel. » Treblinka est un camp d'extermination nazi polonais.

2. Magistrat dans les pays anglo-saxons.

3. Comté du sud de l'Angleterre.

Leur plainte gonfle dans le noir. Elle fait comme un rempart qu'il faut forcer pour entrer. Quand ils sentent qu'on pénètre sur les rampes de grillage, ils ruent dans les cages, se cognent aux barres. Le fracas du métal se mêle aux hurlements. La clameur monte en intensité. Je ne veux plus de ces cris : c'est un bruit monstrueux, absurde, un son que la loi de la nature interdit.

La nuit, les cris sont dans ma tête. Ils me réveillent, vers une heure, après le premier sommeil. Mes cauchemars sont l'écho de ce mal.

Les choses ont commencé il y a quarante ans. Il y a eu la première ferme intensive et les autres éleveurs ont emboîté le pas. Ensemble, cela n'aurait pas été difficile de résister. On serait resté un peu à la traîne. On aurait continué comme avant et les tendances du monde auraient glissé sur nous. La difficulté n'est pas de rester à quai, mais de voir son voisin monter dans le train du progrès sans vous. C'est le mimétisme[1] qui a couvert le Dorset de hangars à cochons.

La campagne s'était trouvé de nouveaux chefs, des types qui la réorganisaient dans leurs bureaux. De Londres, de Bristol, ils sont venus nous convaincre que l'avenir était dans la production en batterie. Ils disaient qu'aujourd'hui un éleveur doit nourrir des centaines, des milliers de gens entassés dans les villes. La planète n'a plus la place pour le bétail, les hommes n'ont plus le temps de le mener au pré. Sur la même surface, désormais, la technique permettait d'augmenter les rendements ! Il suffisait de ne plus exiger de la terre qu'elle fournisse sa force aux bêtes, mais de leur apporter l'énergie nous-mêmes, sur un plateau !

C'était une révolution. Car nous avions été élevés par des gens qui croyaient à la réalité du sang. Jusqu'ici, les bêtes que nous mangions se nourrissaient d'une herbe engraissée dans le terreau du Dorset,

1. Faculté à imiter.

chauffée au soleil du Dorset, battue par les vents du Dorset. L'énergie puisée dans le sol, pulsée[1] dans les fibres de l'herbe, diffusée dans les tissus musculaires des bêtes irriguaient nos propres corps. L'énergie se transférait verticalement, des profondeurs vers l'homme, *via* l'herbe puis la bête. C'était cela *être de quelque part* : porter dans ses veines les principes chimiques d'un sol. Et voilà qu'on nous annonçait que le sol était devenu inutile.

Ils nous serinaient[2] leur slogan préféré : « Il faut transformer le fourrage[3] en viande. » J'y ai cru. Nous y avons tous cru. Nos yeux ont changé. Lorsqu'on me livrait les sacs de granulés, je voyais des jambons.

Nous avions du respect pour ces sacs : ils représentaient de la viande. Nous avions de la considération pour la viande : elle représentait de l'argent. Nous avons oublié qu'au milieu il y avait les bêtes. Nous les avons annulées. Et c'est pour cela que nous les avons privées de lumière.

Nous les avons parquées dans des cages où elles ne pouvaient ni avancer, ni reculer, ni se retourner, ni se coucher sur le flanc. L'objectif était qu'elles se tiennent parfaitement immobiles car le mouvement gaspille l'énergie. Pour que le processus de fabrication des protéines fonctionne à bon rendement, il faut éviter les déperditions. Déplace-t-on les usines à tout bout de champ ? Les cochons étaient des usines. Solidement implantées.

Chaque innovation a son inconvénient, mais chaque inconvénient sa réponse. L'immobilité rendait fous les cochons ? Je les shootais aux antidépresseurs. L'ammoniaque du lisier[4] leur infectait les poumons ? Je mélangeais des antibiotiques à leur ration. Il n'y avait rien qui n'eût

---

1. Envoyée.
2. Répétaient sans cesse.
3. Foin.
4. Excréments des porcs.

sa solution. Et ce qui n'avait pas de solution n'était pas vraiment un problème.

Les porcs étaient engraissés pendant vingt semaines. Les pelletées de granulés moulus que je balançais dans les stalles[1] pleuvaient sur les dos roses. La poudre se prenait dans les soies[2]. Ils avaient pris l'habitude de se secouer pour faire retomber la farine alimentaire. Il paraît que l'homme s'habitue à tout. Le cochon, non. Même après vingt semaines, ils continuaient de mordre leurs barreaux. Comme pour les couper. La question est de savoir si un homme a déjà enduré pareille souffrance. Il y a un écrivain juif qui prétend que oui.

Les plus angoissés étaient les porcelets. On les sevrait au bout de trois semaines pour inséminer à nouveau les mères. En deux ans, une truie donnait cinq portées. À la dernière, c'était l'abattoir. Pour la tétée, la femelle se couchait sous une herse[3] mécanique. Les petits avaient accès aux mamelles à travers les barreaux. C'était leur seul contact avec leur mère. Ils se battaient et, pour qu'ils ne se mutilent pas à mort, je leur arrachais vif la queue et les incisives. Le problème lorsqu'on transforme les granulés en viande, c'est qu'on métamorphose les porcelets en loups.

L'immobilité avait une autre conséquence. Les membres s'atrophiaient[4]. Les muscles des pattes fondaient. Certaines truies, gonflées à craquer de lait et de viande se soutenaient à peine sur leurs membres débiles[5]. Parfois, lors des inspections, je me demandais si nous n'étions pas en train de fabriquer une nouvelle race. J'avais lu dans le *Daily Observer* que l'homme moderne n'avait pas terminé son évolution.

---

1. Boxes, compartiments.
2. Poils du porc.
3. Grille.
4. Se réduisaient, maigrissaient.
5. Faibles.

Assis devant ses ordinateurs dans des pièces surchauffées, il continue à grandir. Ses bras s'allongent, ses os s'affinent et son cerveau grossit. Qui sait si nos descendants ne ressembleront pas à des êtres aux corps mous avec des cortex surdéveloppés, des yeux énormes et une main unique tapant sur des claviers ?

En se débattant, les cochons se cognaient, certains s'éborgnaient[1]. Les plaies s'infectaient et le pus[2] ruisselait. Des chancres[3] couvraient l'intérieur des membres. Les hémorroïdes couronnaient les anus d'une pulpe pareille à celle des grenades. Tant que les infections ne gâtaient[4] pas la chair, elles m'importaient peu. Sous les couennes[5] couvertes de bubons[6], la viande reste saine. Dans la pénombre, on ne distinguait pas grand-chose.

Sous la voûte du hangar, la charge magnétique de la violence s'accumulait. La bulle gonflait, mais n'éclatait jamais. La souffrance extrême ne rend pas docile. Elle rend dingue. Nos usines étaient des asiles. Certains porcs devenaient dangereux, ils attaquaient leurs congénères. Les cages avaient été conçues pour les immobiliser, elles servaient à présent à les protéger les uns des autres. Seuls les porcelets vivaient ensemble. Quand l'un d'eux mourait, on se hâtait de retirer le cadavre. Les autres l'auraient dévoré.

Herbert Jackson fut le premier. Il tenait une grosse exploitation en bordure du Fiddle, un ruisseau sur les rives duquel paissaient[7] jadis des troupeaux. Les anciennes pâtures rapportaient bien. Puis on les avait

1. Se crevaient un œil.
2. Liquide jaune qui se forme aux endroits infectés.
3. Plaies.
4. Abîmaient.
5. Peaux du cochon.
6. Ganglions, tumeurs.
7. Broutaient de l'herbe.

vidées de leurs bêtes et mises en jachère. Herbert ressentit les premiers symptômes de la dépression au début de la sixième année d'élevage intensif. On l'aida comme on pouvait. Il consulta des médecins, se bourra de médicaments, embaucha un second manœuvre pour lever un peu le pied. Mais rien n'y faisait. Il nous disait qu'il commençait à avoir peur de lui-même, que ce n'était pas pour cela qu'il avait choisi le métier et qu'il sentait bien que quelque chose nous échappait. Il employait de grands mots, parlait de « trahison ».

Le directeur de notre syndicat était intelligent, il savait quoi répondre. Un jour, à la réunion annuelle, il demanda le silence et s'adressa à Herbert en public. Il annonça qu'il fallait « lever des malentendus ». Il expliqua qu'une bête qui n'a jamais connu la vie au grand air ne peut pas souffrir d'en être privée. Puis il dit que ne pouvions rien contre une société où il semble normal aux gens de trouver le kilo de viande à cinq livres[1]. Nos pairs[2] ne considéraient pas que la viande valût davantage. Ce n'était pas nous qui avions changé, mais la valeur des choses qui n'était plus la même. Lorsqu'une tranche de viande était une conquête, un porc avait une valeur. Lorsqu'une tranche de viande est une habitude, un porc devient un produit. Lorsqu'une tranche de viande devient un droit, le porc perd les siens.

Herbert lui rétorqua que la souffrance n'était pas affaire d'expérience et que les gènes d'un animal qui n'a jamais connu le jour ne le prédisposent pas pour autant à la nuit perpétuelle. La biologie n'avait pas programmé les porcs pour subir l'engraissement, la promiscuité[3] et

---

1. Monnaie anglaise.
2. Confrères.
3. Cohabitation involontaire.

l'immobilité. Les bêtes enfermées avaient certainement la prescience[1] de ce que représentait la liberté.

Le directeur avait haussé les épaules et brandi un livre intitulé *Porcs, chèvres, lapins*, un ouvrage de zootechnie publié dans les années 1920 par un certain Paul Diffloth. Il avait lu un passage à haute voix : « Les animaux sont des machines vivantes non pas dans l'acception[2] figurée du mot, mais dans son acception la plus rigoureuse telle que l'admettent la mécanique et l'industrie. » Il avait tendu l'exemplaire à Herbert et lui avait dit :

– Lis ça et reprends-toi.

À partir de ce moment on avait davantage vu Herbert au pub que dans sa ferme et il avait fini par tout vendre avant les Pâques de l'année suivante.

Lorsque les camions venaient charger les bêtes, la cohue était indescriptible. C'était bizarre de les voir refuser de quitter cet enfer. On les chargeait en paquet dans les bennes. Les hurlements devenaient indescriptibles. Les chauffeurs les haïssaient encore plus que nous. Ils tabassaient les récalcitrants[3], insultaient ceux qui faisaient perdre du temps. En 1980, on a commencé à utiliser des matraques électriques pour accélérer les chargements. On brûlait le trou du cul pour ne pas abîmer les couennes. Sous les décharges, les porcs se cabraient, bondissaient dans le tas, se frayaient passage en hurlant dans la muraille de viande. Beaucoup ne survivaient pas.

Parfois, la nuit, sur la route de Londres, je croisais les camions. Ils glissaient silencieusement sur l'asphalte. Dans le faisceau des phares,

---

1. Faculté de prévoir.
2. Sens.
3. Ceux qui résistent.

je voyais les groins passer par les fentes des planches. Les porcs sentaient l'air du dehors pour la première et dernière fois de leur vie. Les convois traînaient dans leur sillage un fumet âcre[1]. Une odeur que je connaissais bien. La même que la mienne. J'avais fini par en être imprégné. Je puais de partout.

Les journées ont pesé de plus en plus. Chaque aube devenait plus sombre à la perspective des heures à vivre. Les nuits, elles, restaient blanches.

Le seul être que j'ai rendu heureux est mon chien. Le setter[2] me fêtait lorsque je rentrais à la maison, et nous courions les bois, le soir. Un jour, mon fils Ed m'a lu un article où l'on décrivait le cochon comme un animal sensible et altruiste, aussi intelligent que le chien et très proche de l'homme en termes génétiques. Il m'a montré le journal avec un regard de défi. Je lui ai arraché et lui ai dit de ne plus jamais parler de ces choses. Plus tard, il a refusé d'entrer dans le hangar et, à la rentrée des classes, un professeur du collège m'a téléphoné pour s'étonner qu'à la ligne « profession du père » mon fils n'ait rien voulu inscrire.

*

« J'ai supporté cette cruauté quarante ans. Que dis-je ? Je l'ai organisée, régentée[3] et financée. Chaque matin, je me suis levé pour contrôler le bon fonctionnement d'une arche de ténèbres. Chaque soir je suis rentré chez moi pour m'occuper de mon enfant et le regarder grandir.

---

1. Irritant, aigre.
2. Chien à poils longs.
3. Dirigée de manière autoritaire.

Lorsque nous dînions, à table, l'idée ne me quittait pas que là, à trois cents mètres dans mon dos, se tenaient des bêtes encagées, embourbées dans les immondices, enfiévrées de terreur et rendues folles d'inaction. J'ai perdu l'appétit.

La maison était agréable. Le feu brûlait dans la cheminée. Tout ce que j'avais bâti s'enracinait dans la souffrance.

Mes complices ? Mes congénères. Le samedi, j'allais au *mall*[1] et je les observais jeter nonchalamment[2] la viande sous plastique dans les Caddie. Le plastique protège la conscience. S'ils avaient su, c'eût été notre faillite. L'édifice ne repose pas sur le mensonge mais sur l'ignorance.

J'ai réussi un exploit : en quarante ans, ne jamais regarder un porc dans les yeux. J'aurais risqué de croiser un regard. Ne jamais laisser s'immiscer[3] dans l'esprit l'idée que chacune de ces bêtes est un individu. Ne raisonner qu'en masse. Ne penser qu'à la filière.

Lorsque je me suis aperçu que je haïssais mes bêtes, je compris que Herbert avait raison. Nous avions inventé un élevage où l'animal est l'ennemi. Aujourd'hui, l'éleveur abaisse.

Nous avons rompu l'équilibre, trahi le lien charnel. Le sang qui coule dans nos veines ne sourd[4] plus de la terre du Dorset. Il y a une dalle de béton sous le sabot des bêtes.

Je ne peux plus dormir. Les cris me réveillent. Il semble que l'odeur ne veut pas disparaître de mes mains.

Il y a cinq mois j'ai cessé l'exploitation. Et je viens juste de vendre la ferme. L'avenir de mon fils Ed est entre ses mains : un beau capital lui

---

1. Centre commercial.
2. Négligemment, sans y prêter attention.
3. S'introduire.
4. Jaillit.

reviendra à sa majorité. Je compte sur sa mère, de qui je me suis séparé il y a quinze ans, pour l'aider à trouver une voie qui ne soit pas la mienne. Je lui souhaite de ne pas s'égarer.

J'ai trouvé mon arbre. Il se tient en bordure du Fiddle. Du sommet, on voit le fil des méandres onduler entre les parcelles et les dômes en demi-cylindres des hangars d'élevage. Je rêve que les portes de tôle s'ouvrent un jour et que les taches de pelage refleurissent sur le tapis d'herbe.

Pour dernier séjour, je choisis un poste de hunier[1] après avoir occupé celui de soutier[2] de l'enfer.

Cette lettre a été postée à l'attention de l'*attorney* de Shipburden le 18 juillet et lui parviendra dans quelques jours. Il la remettra à la mère de mon fils, qui en fera l'usage qu'elle veut.

Quand on lira ces lignes, je me serai pendu depuis un moment. Et il faudra encore du temps pour me retrouver.

Je souhaite exposer mon corps à la lumière du soleil, à la caresse du vent, au frôlement des branches et au murmure du Fiddle. À tout ce dont j'ai privé mes bêtes.

J'offre ma chair aux corbeaux. Je connais ceux de la région. Ils sont nombreux, intelligents et voraces. Ils viendront se servir au matin du deuxième jour. Avant de s'approcher, ils se posteront sur les chênes alentour pour observer les lieux. Puis ils s'enhardiront jusqu'à mes épaules. J'oscillerai un peu au bout de la corde.

Ensemble, nous rétablirons l'équilibre.

À chaque coup de bec, je m'acquitterai de ma dette.

Edward Oliver Nowils,
Kentbury, 19 novembre 2000. »

---

1. Vigie (terme de marine).
2. Matelot chargé de transporter le charbon de la chaufferie.

François Morel (né en 1959)

« Comportements puérils », *Le Billet de François Morel,* © Radio France/France Inter/François Morel, 20 septembre 2019

Acteur et écrivain, François Morel livre chaque semaine à la radio un billet d'humeur sur l'actualité.

Puisque les adultes avaient fait preuve pendant des siècles de paresse, d'inconséquence[1], d'insouciance, de maladresse, les enfants avaient décidé de reprendre le pouvoir et les choses en main.

Il était une fois un pays grand comme le monde où les adultes avaient eu des comportements si puérils que les enfants, dont ce n'était pas la vocation, avaient une obligation de maturité.

C'est le climat qui avait tout déclenché. Dans la cour de récréation, on commençait une partie de chat perché, de gendarmes et de voleurs, de balles au prisonnier et tout de suite on était interrompu par un cataclysme, une tornade, une canicule, un cyclone, un ouragan, une inondation, un glissement de terrain…

Les enfants sous le préau de l'école se réunirent en ligues, en syndicats, en coalitions et décidèrent calmement que ça ne pouvait plus durer.

Ils refusèrent de manger à la cantine scolaire les poulets qui n'avaient pas vécu en plein air, protestèrent contre l'élevage intensif, contre les conditions de vie des poussins se retrouvant dès le lendemain de leur naissance dans des hangars sans fenêtres et surpeuplés.

Certains enfants, contre toute attente, réclamèrent plus d'épinards, plus de brocolis et de choux de Bruxelles, se levèrent contre l'alimentation

1. Légèreté, incohérence.

industrielle jugée trop grasse et trop sucrée, se liguèrent contre les frites surgelées.

De loin, derrière les grilles de l'école, les adultes regardaient ces enfants revendicatifs avec la plus grande stupéfaction.

Un enfant, tout de suite soutenu par les autres, prit encore la parole pour dire que désormais, il refuserait d'être accompagné par ses parents dans des voitures individuelles et polluantes. Tous décidèrent qu'ils privilégieraient dorénavant le vélo et la marche à pied.

Un autre enfant fit un discours sur la société de consommation qu'ils devaient combattre à leur niveau, en refusant notamment d'être les esclaves des marques.

« Nous sommes réduits à devenir les hommes-sandwichs des plus grands groupes capitalistes ! » s'insurgea un jeune militant.

« Les enfants-sandwichs » corrigea un autre.

Ils convinrent que désormais ils se rendraient dans des friperies[1], accepteraient de porter le chandail[2] du grand frère, les bottines de la grande sœur.

Au loin, certains adultes, à l'ouïe fine, n'en croyaient pas leurs oreilles nettoyées désormais, sur l'injonction de leur progéniture, par des cotons-tiges entièrement recyclables dont les fibres sont entièrement issues de l'agriculture biologique.

Derrière les grilles de l'école, quelques adultes trouvèrent à redire. D'abord, ils trouvèrent que certains enfants avaient un visage trop rébarbatif et que toute cette mobilisation n'était pas de leur âge. Un parent trouva que la queue de cheval d'une de ces jeunes filles n'était pas spécialement jolie…

---

1. Commerces de vêtements d'occasion.
2. Pull-over.

Ils jugèrent que ces enfants en faisaient quand même un peu beaucoup. Mais eux-mêmes en avaient fait si peu…

Il était une fois un pays grand comme le monde où les adultes avaient eu des comportements si puérils que les enfants, dont ce n'était pas la vocation, avaient une obligation de maturité.

Jean-Jacques Sempé (né en 1932)

« Non à la société de consommation », 1968

Le dessinateur du Petit Nicolas *travaille depuis les années 1950 pour les journaux auxquels il livre des dessins satiriques et poétiques sur la société.*

Critiquer le pouvoir

Montesquieu (1689-1755)

« Le roi de France est vieux », *Lettres persanes*, lettre XXXVII, 1721

Charles Louis de Secondat, baron de La Brède et de Montesquieu, met en scène, dans son roman épistolaire Lettres persanes, *Usbek, un Persan, en visite à Paris avec son ami Rica. Tous deux vont observer les mœurs françaises et en faire une satire cinglante…*

LETTRE XXXVII
USBEK À IBBEN[1]
À Smyrne

Le roi de France est vieux. Nous n'avons point d'exemple dans nos histoires d'un monarque qui ait si longtemps régné. On dit qu'il possède à un très haut degré le talent de se faire obéir : il gouverne avec le même génie sa famille, sa cour, son État. On lui a souvent entendu dire que, de tous les gouvernements du monde, celui des Turcs, ou celui de notre auguste[2] sultan, lui plairait le mieux, tant il fait cas[3] de la politique orientale.

J'ai étudié son caractère, et j'y ai trouvé des contradictions qu'il m'est impossible de résoudre : par exemple, il a un ministre qui n'a que dix-

1. Ami d'Usbek, négociant à Smyrne, en actuelle Turquie.
2. Majestueux, respectable.
3. Estime, apprécie.

huit ans, et une maîtresse qui en a quatre-vingts ; il aime sa religion, et il ne peut souffrir ceux qui disent qu'il la faut observer à la rigueur ; quoiqu'il fuie le tumulte des villes, et qu'il se communique peu, il n'est occupé, depuis le matin jusques au soir, qu'à faire parler de lui ; il aime les trophées et les victoires, mais il craint autant de voir un bon général à la tête de ses troupes, qu'il aurait sujet de le craindre à la tête d'une armée ennemie. Il n'est, je crois, jamais arrivé qu'à lui d'être en même temps, comblé de plus de richesses qu'un prince n'en saurait espérer, et accablé d'une pauvreté qu'un particulier ne pourrait soutenir.

Il aime à gratifier ceux qui le servent ; mais il paye aussi libéralement[1] les assiduités[2], ou plutôt l'oisiveté[3] de ses courtisans, que les campagnes[4] laborieuses[5] de ses capitaines ; souvent il préfère un homme qui le déshabille, ou qui lui donne la serviette lorsqu'il se met à table, à un autre qui lui prend des villes ou lui gagne des batailles. Il ne croit pas que la grandeur souveraine doive être gênée dans la distribution des grâces, et, sans examiner si celui qu'il comble de biens est homme de mérite, il croit que son choix va le rendre tel : aussi lui a-t-on vu donner une petite pension à un homme qui avait fui deux lieues[6], et un beau gouvernement à un autre qui en avait fui quatre.

Il est magnifique, surtout dans ses bâtiments : il y a plus de statues dans les jardins de son palais que de citoyens dans une grande ville. Sa garde est aussi forte que celle du prince devant qui les trônes se

1. Généreusement, abondamment.
2. Zèle.
3. Paresse, inaction.
4. Batailles.
5. Épuisantes.
6. Unité de mesure d'environ 4 kilomètres.

renversent[1] ; ses armées sont aussi nombreuses, ses ressources aussi grandes, et ses finances aussi inépuisables.

À Paris, le 7 de la lune de Maharram, 1713.

Victor Hugo (1802-1885)

Trois poèmes contre Napoléon III, *Les Châtiments*, 1852

Un an après son départ en exil, révolté par le coup d'État du 2 décembre 1851 qui a fait du président Louis-Napoléon Bonaparte l'empereur Napoléon III, Victor Hugo écrit une série de poèmes pour dénoncer le pouvoir abusif de celui qu'il surnomme « Nabot-Léon » ou « Napoléon le Petit ».

« Tout s'en va », Livre V, « L'autorité est sacrée », IV

La raison

Moi, je me sauve.

Le droit

Adieu ! je m'en vais.

L'honneur

Je m'exile.

Alceste

Je vais chez les Hurons[2] leur demander asile.

---

1. Périphrase pour désigner le Chah (roi) de Perse.

2. Indiens du Canada.

La chanson
J'émigre. Je ne puis souffler mot, s'il vous plaît,
Dire un refrain sans être empoignée au collet
Par les sergents de ville, affreux drôles[1] livides.

Une plume
Personne n'écrit plus ; les encriers sont vides.
On dirait d'un pays mogol[2], russe ou persan.
Nous n'avons plus ici que faire ; allons-nous-en,
Mes sœurs, je quitte l'homme et je retourne aux oies.

La pitié
Je pars. Vainqueurs sanglants, je vous laisse à vos joies,
Je vole vers Cayenne[3] où j'entends de grands cris.

La marseillaise
J'ouvre mon aile et vais rejoindre les proscrits[4].

La poésie
Oh ! je pars avec toi, pitié, puisque tu saignes !

L'aigle
Quel est ce perroquet qu'on met sur vos enseignes,
Français ? de quel égout sort cette bête-là ?

---

1. Individus.
2. Indien, d'Asie centrale.
3. Ville de Guyane où se trouvait un bagne.
4. Bannis, exilés.

Aigle selon Cartouche[1] et selon Loyola[2],
Il a du sang au bec, Français ; mais c'est le vôtre.
Je regagne les monts. Je ne vais qu'avec l'autre.
Les rois à ce félon[3] peuvent dire : merci ;
Moi, je ne connais pas ce Bonaparte-ci !
Sénateurs ! courtisans ! je rentre aux solitudes !
Vivez dans le cloaque[4] et dans les turpitudes[5],
Soyez vils[6], vautrez-vous sous les cieux rayonnants.

LA FOUDRE
Je remonte avec l'aigle aux nuages tonnants.
L'heure ne peut tarder. Je vais attendre un ordre.

UNE LIME
Puisqu'il n'est plus permis qu'aux vipères de mordre,
Je pars, je vais couper les fers dans les pontons.

LES CHIENS
Nous sommes remplacés par les préfets ; partons.

LA CONCORDE
Je m'éloigne. La haine est dans les cœurs sinistres.

---

1. Célèbre voleur du début du XVIIIe siècle.
2. Ignace de Loyola (1491-1556), fondateur de la Compagnie de Jésus (les Jésuites).
3. Traître.
4. Égout.
5. Bassesses, ignominies, indignités.
6. Méprisables, indignes.

La pensée
On n'échappe aux fripons que pour choir[1] dans les cuistres[2].
Il semble que tout meure et que de grands ciseaux
Vont jusque dans les cieux couper l'aile aux oiseaux.
Toute clarté s'éteint sous cet homme funeste[3].
Ô France ! je m'enfuis et je pleure.

Le mépris
Je reste.

Jersey, novembre 1852.

« Napoléon III », Livre VI, « La stabilité est assurée », I

Donc c'est fait. Dût rugir de honte le canon,
Te voilà, nain immonde, accroupi sur ce nom !
Cette gloire est ton trou, ta bauge[4], ta demeure !
Toi qui n'as jamais pris la fortune qu'à l'heure,
Te voilà presque assis sur ce hautain sommet !
Sur le chapeau d'Essling[5] tu plantes ton plumet ;
Tu mets, petit Poucet, ces bottes de sept lieues ;
Tu prends Napoléon dans les régions bleues ;
Tu fais travailler l'oncle, et, perroquet ravi,
Grimper à ton perchoir l'aigle de Mondovi[6] !

---

1. Chuter, tomber.
2. Prétentieux, pédants.
3. Qui porte malheur, mauvais, néfaste.
4. Endroit très sale, boueux, où vivent certains animaux comme les sangliers.
5. Bataille de Napoléon Ier contre l'empire d'Autriche (1809).
6. Bataille victorieuse de Napoléon Bonaparte contre le royaume de Sardaigne (1796).

Thersite[1] est le neveu d'Achille Péliade[2] !
C'est pour toi qu'on a fait toute cette Iliade[3] !
C'est pour toi qu'on livra ces combats inouïs !
C'est pour toi que Murat[4], aux russes éblouis,
Terrible, apparaissait, cravachant leur armée !
C'est pour toi qu'à travers la flamme et la fumée
Les grenadiers pensifs s'avançaient à pas lents !
C'est pour toi que mon père et mes oncles vaillants
Ont répandu leur sang dans ces guerres épiques !
Pour toi qu'ont fourmillé les sabres et les piques,
Que tout le continent trembla sous Attila[5],
Et que Londres frémit et que Moscou brûla !
C'est pour toi, pour tes Deutz[6] et pour tes Mascarilles[7],
Pour que tu puisses boire avec de belles filles,
Et, la nuit, t'attabler dans le Louvre à l'écart,
C'est pour monsieur Fialin[8] et pour monsieur Mocquart[9],
Que Lannes[10] d'un boulet eut la cuisse coupée,
Que le front des soldats, entr'ouvert par l'épée,

---

1. Guerrier achéen de la guerre de Troie perçu comme démagogue et méprisé des héros.
2. Héros grec de la guerre de Troie, fils de Pélée. Il est surnommé « Péléide », en raison de son ascendance. Hugo, pour la rime, renvoie ce surnom à la lance d'Achille, venue du mont Pélion, ou à l'adjectif *pelios*, en grec, qui signifie « sombre ».
3. Épopée grecque d'Homère relatant un épisode du siège de Troie.
4. Joachim Murat (1767-1815), militaire français, beau-frère de Napoléon Ier.
5. Roi des Huns (395-453), réputé pour son armée redoutable.
6. Simon Deutz (1802-1844) a livré aux autorités la duchesse de Berry, figure de l'insurrection de l'ouest de la France, en 1832. Il est considéré comme un traître, de ces « fourbes dont l'histoire inscrit les noms hideux » (Victor Hugo, « À l'homme qui a livré une femme »).
7. Nom d'un valet dans la comédie.
8. Jean-Gilbert Victor Fialin, duc de Persigny (1808-1872), ministre de Napoléon III.
9. Jean-François Mocquard (1791-1864), chef de cabinet de Napoléon III.
10. Jean Lannes (1769-1809), général français, héros de guerre, surnommé « le Brave des Braves ». Il meurt à la bataille d'Essling.

Saigna sous le shako[1], le casque et le colback[2],
Que Lasalle[3] à Wagram, Duroc[4] à Reichenbach,
Expirèrent frappés au milieu de leur route,
Que Caulaincourt[5] tomba dans la grande redoute[6],
Et que la vieille garde est morte à Waterloo[7] !
C'est pour toi qu'agitant le pin et le bouleau,
Le vent fait aujourd'hui, sous ses âpres haleines,
Blanchir tant d'ossements, hélas ! dans tant de plaines !
Faquin[8] ! – Tu t'es soudé, chargé d'un vil butin,
Toi, l'homme du hasard, à l'homme du destin !
Tu fourres, impudent[9], ton front dans ses couronnes !
Nous entendons claquer dans tes mains fanfaronnes[10]
Ce fouet prodigieux qui conduisait les rois ;
Et tranquille, attelant à ton numéro trois
Austerlitz, Marengo, Rivoli, Saint-Jean-d'Acre[11],
Aux chevaux du soleil tu fais traîner ton fiacre !

Jersey, 31 mai 1853.

---

1. Ancien chapeau à visière des saint-cyriens.
2. Chapeau militaire à poils, orné d'une plume.
3. Antoine Charles Louis, comte de Lasalle (1775-1809), général de cavalerie français mort à la bataille de Wagram menée contre l'empire d'Autriche.
4. Christophe de Michel du Roc (1772-1813), chef de la sûreté de Napoléon, surnommé « l'ombre de Napoléon », mort au combat à Reichenbach-Markersdorf, en Silésie.
5. Auguste de Caulaincourt (1777-1812), général français mort à la bataille de la Moskova.
6. Ouvrage de fortification dont la prise a coûté la vie à Caulaincourt, tué par un boulet.
7. Défaite de l'armée française (1815) qui conduit à la seconde abdication de Napoléon Ier.
8. Coquin, voyou.
9. Arrogant, sans honte.
10. Vantardes.
11. Batailles célèbres, pour la plupart victorieuses.

« Chanson », Livre VII, « Les sauveurs se sauveront », VI

Sa grandeur éblouit l'histoire.
Quinze ans, il fut
Le dieu que traînait la victoire
Sur un affût[1] ;
L'Europe sous sa loi guerrière
Se débattit. –
Toi, son singe, marche derrière
Petit, petit.

Napoléon dans la bataille,
Grave et serein,
Guidait à travers la mitraille
L'aigle d'airain.
Il entra sur le pont d'Arcole[2],
Il en sortit. –
Voici de l'or, viens, pille et vole,
Petit, petit.

Berlin, Vienne, étaient ses maîtresses ;
Il les forçait,
Leste[3], et prenant les forteresses
Par le corset ;
Il triompha de cent bastilles

---

1. Support d'un canon.
2. Bataille du pont d'Arcole (1796) où la France est victorieuse face aux armées du Saint Empire.
3. À la fois adroit, agile, rapide et grivois.

Qu'il investit. –
Voici pour toi, voici des filles,
Petit, petit.

Il passait les monts et les plaines,
Tenant en main
La palme, la foudre, et les rênes
Du genre humain ;
Il était ivre de sa gloire
Qui retentit. –
Voici du sang, accours, viens boire,
Petit, petit.

Quand il tomba, lâchant le monde,
L'immense mer
Ouvrit à sa chute profonde
Son gouffre amer ;
Il y plongea, sinistre archange[1],
Et s'engloutit. –
Toi, tu te noieras dans la fange,
Petit, petit.

Jersey, septembre 1853.

1. Ange supérieur.

Albert Millaud (1844-1892)
« Le ministre en herbe », *Physiologies parisiennes*, 1887

Au cours de la IIIe République (1870-1940), les crises ministérielles se sont succédé, rendant instables les institutions. Dans ses Physiologies parisiennes, *Albert Millaud, sous le pseudonyme de Labruyère, se fait chroniqueur parlementaire.*

Le ministre en herbe est un bipède, qui n'était rien hier et qui n'est pas grand-chose aujourd'hui. Un beau matin, son nom est cité dans les journaux, pour être compris dans une des plus prochaines combinaisons ministérielles. Aussitôt, le ministre en herbe se fait une tête *ad hoc*[1]. Il porte une redingote[2] croisée, se colle un portefeuille[3] généralement vide sous le bras droit et se montre dans les « cercles politiques ». On le voit, à deux heures, dans la salle des Pas-Perdus[4] ; le soir, à l'Élysée, où il vient faire sa cour ; et le matin, dans l'antichambre de celui que le président de la République a chargé de composer le futur Cabinet.

Il ne sait pas encore dans quel ministère on l'enverra. Il est apte à tout. À deux heures, il est plein de zèle pour l'Intérieur. Il a tout un système de réorganisation administrative. C'est son affaire. Il expose des idées nouvelles sur la nomination des préfets, sur la centralisation et sur le régime douanier. À cinq heures, tout est changé. On lui a offert l'Instruction publique. Qu'à cela ne tienne ! Il devient littérateur, professeur et artiste. Il imagine, séance tenante, des modifications dans les écoles et les lycées. Il parle belles-lettres et beaux-arts. À huit heures, on

1. Qui convient.
2. Costume.
3. Porte-documents.
4. Salle de réunion des députés au Palais-Bourbon, siège de l'Assemblée nationale.

le désigne comme ministre du Commerce. Incontinent[1], il change de peau, apprend par cœur le code commercial, opère des réformes dans le corps consulaire et médite une loi sur les faillites. Le lendemain, on lui donne les Travaux publics. C'était son rêve. Le voilà ingénieur. Il connaît la question des chemins de fer et il émet, sur la voirie, des idées qui jusqu'alors étaient demeurées inconnues et inédites.

Folâtre[2] la veille, indifférent, grincheux, récalcitrant, – il est maintenant homme de gouvernement. Hier, il votait contre le Tonkin, contre l'Église, contre la mairie centrale de Paris ; aujourd'hui il se ravise : « Il faudra voir, dit-il, on ne peut lâcher du jour au lendemain une conquête comme l'Indochine. Il est nécessaire de rester en bons termes avec le pape, et il faut se garder de donner trop de puissance au pouvoir municipal. »

Mais la combinaison échoue, son nom, prononcé un instant, est déjà méconnu, oublié. L'ex-apprenti ministre lâche la redingote, se remet en veston et prépare dans l'ombre d'horribles interpellations contre les ministres de l'avenir qu'il ne connaît pas encore.

Voltaire (1694-1778)

« Abbé », *Dictionnaire philosophique portatif*, 1764

En tête de son Dictionnaire philosophique portatif *qu'il a conçu comme une arme contre le fanatisme et l'intolérance, Voltaire place l'article « Abbé », dans lequel il cherche à mettre à bas l'institution ecclésiastique.*

1. Aussitôt.
2. D'une gaieté légère.

En dévalorisant ses représentants, il compte mettre fin aux dogmes religieux pour les remplacer par une morale simple et universelle.

Où allez-vous, monsieur l'abbé ? etc. Savez-vous bien qu'abbé signifie *père ?* Si vous le devenez, vous rendez service à l'état ; vous faites la meilleure œuvre sans doute que puisse faire un homme ; il naîtra de vous un être pensant. Il y a dans cette action quelque chose de divin.

Mais si vous n'êtes monsieur l'abbé que pour avoir été tonsuré[1], pour porter un petit collet[2], et un manteau court, et pour attendre un bénéfice simple, vous ne méritez pas le nom d'abbé.

Les anciens moines donnèrent ce nom au supérieur qu'ils élisaient. L'abbé était leur père spirituel. Que les mêmes noms signifient avec le temps des choses différentes ! L'abbé spirituel était un pauvre à la tête de plusieurs autres pauvres. Mais les pauvres pères spirituels ont eu depuis deux cents, quatre cent mille livres de rente ; et il y a aujourd'hui des pauvres pères spirituels en Allemagne qui ont un régiment des gardes.

Un pauvre qui a fait serment d'être pauvre, et qui en conséquence est souverain ! on l'a déjà dit, il faut le redire mille fois, cela est intolérable. Les lois réclament contre cet abus, la religion s'en indigne, et les véritables pauvres sans vêtement et sans nourriture poussent des cris au ciel à la porte de monsieur l'abbé.

Mais j'entends messieurs les abbés d'Italie, d'Allemagne, de Flandre, de Bourgogne, qui disent : « Pourquoi n'accumulerons-nous pas des biens et des honneurs ? pourquoi ne serons-nous pas princes ? les évêques le sont bien. Ils étaient originairement pauvres comme nous, ils

1. Rasé en rond, pour ne laisser qu'une couronne de cheveux, à la manière des prêtres et des moines.
2. Petit col caractéristique de l'habit de prêtre.

se sont enrichis, ils se sont élevés ; l'un d'eux est devenu supérieur aux rois : laissez-nous les imiter autant que nous pourrons. »

Vous avez raison, messieurs, envahissez la terre ; elle appartient au fort ou à l'habile qui s'en empare ; vous avez profité des temps d'ignorance, de superstition, de démence[1], pour nous dépouiller de nos héritages et pour nous fouler à vos pieds, pour vous engraisser de la substance des malheureux ; tremblez que le jour de la raison n'arrive.

Victor Hugo (1802-1885)

« Aux prêtres », *Les Quatre Vents de l'esprit*, « Le livre satirique », XXVIII, 1881

Le recueil de Victor Hugo présente ce qui constitue pour lui les quatre facettes de la poésie : drame, lyrisme, épopée et satire. Parmi les quarante-quatre poèmes satiriques du premier livre, sous-titré Le Siècle, *on trouve des piques lancées aussi bien contre la critique, le monde littéraire, Napoléon III que la religion.*

Il sied[2] de ressembler aux dieux. Ton Dieu, flamine[3],
Dévore ses enfants ; ton Dieu, mage[4], extermine ;
Augure[5], ton Dieu ment ; uléma[6], ton Dieu met
La terre sous le sabre impur de Mahomet ;

1. Folie, aliénation mentale.
2. Convient.
3. Prêtre romain voué au culte d'une seule divinité.
4. Prêtre, marabout, sorcier.
5. Prêtre interprète des présages.
6. Théologien et prédicateur musulman.

Ton Dieu, Rome, est l'agneau, mais il tète la louve ;
Ô noir dominicain[1] qui rêves, ton Dieu trouve
Agréable l'odeur infâme des bûchers ;
D'affreux temples, ayant pour prêtres des bouchers,
Sont l'habitation de ton Dieu, corybante[2] ;
Brahmine[3], ton Dieu sombre aime la nuit tombante ;
Rabbin, ton Dieu maudit la race de Japhet[4],
Et cloue au fond du ciel le soleil stupéfait ;
Sabaoth[5] est cruel, Jupiter est immonde,
Et pas un Dieu ne sait comment est fait le monde ;
Les peuples ont le choix pour fléchir le genou
Entre le monstre Asgar[6] et le monstre Vishnou[7] ;
Ce Dieu brait, celui-là rugit, celui-ci beugle ;
C'est pourquoi l'idéal de l'homme est d'être aveugle,
Ténébreux, vil, féroce, ignorant, odieux,
Afin d'être aussi près que possible des dieux.

4 août 1874.

---

1. Religieux de l'ordre de Saint-Dominique, associé à l'Inquisition.
2. Prêtre de Cybèle, dans l'Antiquité grecque.
3. Brahmane, prêtre hindou.
4. Un des fils de Noé, ancêtre des peuples d'Europe.
5. Dieu Sabaoth, dieu des armées (mot hébreu).
6. Monstre biblique ou nordique.
7. Divinité hindoue connue pour ses nombreux avatars.

Roland Moisan (1907-1987)

« Au musée !... le monarque », *Le Canard enchaîné*, 1er décembre 1965

Annonçant sa candidature un mois plus tôt, Charles de Gaulle se lance dans une campagne éclair pour l'élection présidentielle de décembre 1965, qui assure sa réélection pour un nouveau septennat qu'il ne mènera pas à son terme. La presse des années 1960 voit en ce président vieillissant un nouveau monarque. Dans « La Cour », une rubrique satirique du Canard enchaîné, *André Ribaud et Roland Moisan écrivent la chronique du règne de De Gaulle.*

Combattre l'injustice

Jean de La Fontaine (1621-1695)

« Les Animaux malades de la peste », *Fables*, Livre VII, 1, 1678

En 1678, dix ans après le premier, La Fontaine présente un deuxième recueil de Fables. *Sous les auspices de Madame de Montespan, favorite de Louis XIV, le livre VII s'ouvre par un des textes les plus célèbres sur l'injustice.*

Un mal qui répand la terreur,
Mal que le Ciel en sa fureur
Inventa pour punir les crimes de la terre,
La Peste (puisqu'il faut l'appeler par son nom),
Capable d'enrichir en un jour l'Achéron[1],
Faisait aux animaux la guerre.
Ils ne mouraient pas tous, mais tous étaient frappés :
On n'en voyait point d'occupés
À chercher le soutien d'une mourante vie ;
Nul mets[2] n'excitait leur envie ;
Ni loups ni renards n'épiaient
La douce et l'innocente proie.
Les tourterelles se fuyaient :
Plus d'amour, partant[3] plus de joie.

---

1. Fleuve des Enfers dans la mythologie grecque.
2. Aucune nourriture, aucun plat.
3. Donc, par conséquent.

Le Lion tint conseil, et dit : « Mes chers amis,
Je crois que le Ciel a permis
Pour nos péchés cette infortune[1] ;
Que le plus coupable de nous
Se sacrifie aux traits[2] du céleste courroux[3] ;
Peut-être il obtiendra la guérison commune.
L'histoire nous apprend qu'en de tels accidents
On fait de pareils dévouements.
Ne nous flattons donc point[4] ; voyons sans indulgence
L'état de notre conscience.
Pour moi, satisfaisant mes appétits gloutons,
J'ai dévoré force moutons[5].
Que m'avaient-ils fait ? Nulle offense ;
Même il m'est arrivé quelquefois de manger
Le berger.
Je me dévouerai donc, s'il le faut ; mais je pense
Qu'il est bon que chacun s'accuse ainsi que moi :
Car on doit souhaiter selon toute justice
Que le plus coupable périsse[6].
– Sire, dit le Renard, vous êtes trop bon roi ;
Vos scrupules[7] font voir trop de délicatesse.
Eh bien, manger moutons, canaille, sotte espèce.
Est-ce un péché ? Non non. Vous leur fîtes, Seigneur,

1. Ce malheur, cette adversité.
2. Aux flèches.
3. De la colère divine.
4. Ne cherchons pas à dissimuler nos défauts.
5. Beaucoup de moutons.
6. Meure.
7. Vos doutes au sujet de votre conduite morale.

En les croquant beaucoup d'honneur ;
Et quant au berger, l'on peut dire
Qu'il était digne de tous maux,
Étant de ces gens-là qui sur les animaux
Se font un chimérique empire. »
Ainsi dit le Renard ; et flatteurs d'applaudir.
On n'osa trop approfondir
Du Tigre, ni de l'Ours, ni des autres puissances,
Les moins pardonnables offenses.
Tous les gens querelleurs, jusqu'aux simples mâtins[1],
Au dire de chacun, étaient de petits saints.
L'Âne vint à son tour, et dit : « J'ai souvenance
Qu'en un pré de moines passant,
La faim, l'occasion, l'herbe tendre, et je pense
Quelque diable aussi me poussant,
Je tondis de ce pré la largeur de ma langue.
Je n'en avais nul droit, puisqu'il faut parler net. »
À ces mots, on cria haro[2] sur le baudet[3].
Un Loup, quelque peu clerc[4], prouva par sa harangue[5]
Qu'il fallait dévouer[6] ce maudit animal,
Ce pelé, ce galeux, d'où venait tout leur mal.
Sa peccadille[7] fut jugée un cas pendable.
Manger l'herbe d'autrui ! quel crime abominable !

1. Gros chiens de garde.
2. Cri de chasseur pour exciter les chiens de chasse contre une proie.
3. Âne.
4. Savant, instruit.
5. Discours.
6. Livrer à la mort, sacrifier.
7. Faute légère, petit péché.

Rien que la mort n'était capable
D'expier son forfait[1] : on le lui fit bien voir.
Selon que vous serez puissant ou misérable,
Les jugements de cour vous rendront blanc ou noir.

VOLTAIRE (1694-1778)

« Le nègre de Surinam », *Candide*, chapitre 19, 1759

Chassé du château de Thunder-ten-tronckh pour avoir séduit Cunégonde, la fille du baron, Candide quitte son maître Pangloss et parcourt le monde, traversant des guerres, tombant aux mains de l'Inquisition, échappant de peu à un séisme. En compagnie de son serviteur Cacambo, Candide découvre l'Eldorado, mais quitte ce paradis terrestre pour retrouver sa bien-aimée. Il arrive alors au Surinam et rencontre un esclave noir mutilé.

En approchant de la ville, ils rencontrèrent un nègre[2] étendu par terre, n'ayant plus que la moitié de son habit, c'est-à-dire d'un caleçon de toile bleue ; il manquait à ce pauvre homme la jambe gauche et la main droite. « Eh, mon Dieu ! lui dit Candide en hollandais, que fais-tu là, mon ami, dans l'état horrible où je te vois ? – J'attends mon maître, monsieur Vanderdendur, le fameux négociant, répondit le nègre. – Est-ce M. Vanderdendur, dit Candide, qui t'a traité ainsi ? – Oui, monsieur, dit le nègre, c'est l'usage. On nous donne un caleçon de toile pour tout vêtement deux fois l'année. Quand nous travaillons aux sucreries,

1. De réparer son crime.
2. Homme noir (mot devenu péjoratif et raciste).

et que la meule[1] nous attrape le doigt, on nous coupe la main ; quand nous voulons nous enfuir, on nous coupe la jambe : je me suis trouvé dans les deux cas. C'est à ce prix que vous mangez du sucre en Europe. Cependant, lorsque ma mère me vendit dix écus patagons[2] sur la côte de Guinée, elle me disait : "Mon cher enfant, bénis nos fétiches[3], adore-les toujours, ils te feront vivre heureux ; tu as l'honneur d'être esclave de nos seigneurs les Blancs, et tu fais par là la fortune de ton père et de ta mère." Hélas ! je ne sais pas si j'ai fait leur fortune, mais ils n'ont pas fait la mienne. Les chiens, les singes, les perroquets sont mille fois moins malheureux que nous. Les fétiches hollandais qui m'ont converti me disent tous les dimanches que nous sommes tous enfants d'Adam, Blancs et Noirs. Je ne suis pas généalogiste ; mais si ces prêcheurs[4] disent vrai, nous sommes tous cousins issus de germains. Or vous m'avouerez qu'on ne peut pas en user avec ses parents d'une manière plus horrible.

– Ô Pangloss ! s'écria Candide, tu n'avais pas deviné cette abomination ; c'en est fait, il faudra qu'à la fin je renonce à ton optimisme. – Qu'est-ce qu'optimisme ? disait Cacambo. – Hélas ! dit Candide, c'est la rage de soutenir que tout est bien quand on est mal. » Et il versait des larmes en regardant son nègre, et, en pleurant, il entra dans Surinam.

1. Cylindre de pierre massif servant à broyer et à moudre.
2. Monnaie espagnole.
3. Talismans, objets sacrés ou aux vertus magiques. Au sens figuré, le mot peut désigner ironiquement les religieux, eux-mêmes dotés de pouvoirs « magiques ».
4. Prédicateurs qui enseignent la morale religieuse.

Émile de La Bédollière (1812-1883)

« Cour criminelle de justice animale », *Scènes de la vie privée et publique des animaux*, 1842

Illustrées par le dessinateur Grandville, ces Scènes de la vie privée et publique des animaux *mettent en scène, à la manière des* Fables *de La Fontaine, les travers de la société contemporaine. Balzac, George Sand, Charles Nodier ont participé à ce vaste projet satirique qui connut un vif succès au milieu du* XIX*e siècle. Les animaux, pour améliorer leur sort, se sont constitués en Assemblée et ont décidé de publier l'« histoire populaire, nationale et illustrée de la grande famille des Animaux ». Parmi les nombreuses contributions, les rédacteurs en chef ont reçu ce récit sur l'injustice de la justice.*

Messieurs les Rédacteurs en chef,

Je suis, comme vous ne le savez pas, greffier de la Cour d'assises récemment établie en vertu des ordonnances de Sa Majesté le Lion, promulguées de son palais du mont Atlas de l'an XI du Règne-Animal. La première session venant d'être close, je m'empresse de vous en adresser le compte rendu. Je crois prudent de vous taire l'endroit où se sont tenues ces mémorables séances, car les Hommes, par haine et par jalousie, ne manqueraient pas de troubler nos assemblées ultérieures ; et, comme dit un Rat de mes amis, longtemps nourri des bouquins d'un latiniste : *Di, tale avertite fatum !*[1]

Ce fut parmi la famille des Corbeaux, à laquelle j'appartiens, que l'on choisit les juges, les avocats et la plupart des jurés de la Cour. Leurs noirs habits leur donnaient cette gravité qui masque la sottise et en

1. Dieux, détournez un tel destin ! (en latin).

impose aux ignorants, et l'on pensa qu'habitués à fouiller des cadavres, ils seraient plus aptes à signaler l'état de décomposition morale des accusés. Une Cigogne fut appelée à la présidence, dont la rendaient digne sa patience et son sang-froid. À moitié assoupie dans son fauteuil, les yeux entr'ouverts, la poitrine renflée, la tête en arrière, guettant au passage les contradictions des accusés, elle avait encore l'air d'être en embuscade au bord d'un marais.

Les fonctions de procureur général échurent[1] à un Vautour au col tors[2]. Ce personnage, s'il avait jamais eu la moindre sensibilité, s'en était défait depuis longtemps ; ardent, impitoyable, il ne songeait qu'à obtenir des succès, c'est-à-dire des condamnations. Il avait bec et ongles pour attaquer, jamais pour défendre. La Cour d'assises était pour lui un champ de bataille, et l'accusé un adversaire qu'il fallait vaincre à tout prix. Il allait à un procès criminel comme un soldat à l'assaut : il s'y jetait à corps perdu, comme un gladiateur au milieu du cirque. Le Vautour est, en somme, un excellent procureur général.

Les habitants des terriers, nids, taillis, trous, taupinières et marécages voisins, accoururent en foule pour assister à ces solennités[3] judiciaires. Les Oies, les Butors, les Perroquets, les Buses et les Pies étaient en majorité : on assure qu'il en est toujours ainsi.

Des Canards, fondateurs d'un journal quotidien, furent casés dans une tribune réservée. Par malheur, la disposition des lieux faisait que, de leur poste spécial, ils étaient moins auditeurs qu'assistants ; mais, pour narrer un procès comme pour le juger, est-il indispensable de l'entendre ?

---

1. Incombèrent, revinrent.
2. Tordu.
3. Cérémonies.

Je n'entrerai point dans les détails de toutes les affaires qui ont occupé la session ; je ne vous parlerai point des poursuites dirigées contre un Aigle, pour excitation à la haine et au mépris du gouvernement ; un Bouc, pour danse illicite[1] ; un Merle, pour délit de presse ; un Coq pour duel ; un Chat-Huant pour tapage nocturne ; un Renard, pour banqueroute[2] frauduleuse ; un Chat, pour infanticide ; une Hirondelle, pour vagabondage ; une Pie, pour vol domestique ; un Sansonnet, pour diffamation ; un Paon, pour usurpation de titres ; une Grive, pour dispute de cabaret, etc. Je veux seulement vous parler de deux causes majeures. *Musa, mihi causas memora*[3], comme dit mon Rat latiniste.

Peut-être avez-vous lu, il y a quelques mois, dans la feuille quotidienne ci-dessus mentionnée : « Un crime affreux vient d'épouvanter nos contrées, si longtemps paisibles. Au moment où les Animaux coalisés[4] venaient de jurer une éternelle fraternité, on a trouvé au coin d'un bois un Crapaud affreusement empoisonné. La justice informe[5]. »

La justice informa si bien, qu'elle incarcéra deux Moutons, trois Escargots et quatre Lézards, tous également innocents ; aussi furent-ils relâchés immédiatement, après avoir subi quatre-vingt-quinze jours d'arrestation préventive. On profita de la circonstance pour mettre la patte sur un Bœuf, incapable d'un pareil forfait, mais signalé dès longtemps comme ennemi du gouvernement du roi : on ne saurait inventer trop de prétextes pour sévir contre ces ruminants-là.

Les journalistes retaillèrent leurs plumes, et écrivirent : « Plus on avance, moins on pénètre l'horrible mystère du drame dont l'infortuné

1. Interdite par la loi (ou par la morale).
2. Faillite.
3. Muse, raconte-moi les causes (en latin).
4. Rassemblés.
5. Enquête.

Crapaud a été victime. L'instruction se poursuit avec la plus grande activité, sous la direction de deux Tortues. »

Enfin une Taupe, sortant à tâtons de son terrier, déclara qu'elle avait vu une énorme Vipère (*monstrum horrendum*[1], comme dirait mon ami le Rat) s'élancer sur le Crapaud ; confronté avec le cadavre, qu'on avait soigneusement embaumé, elle déclara positivement que *ça devait être lui.*

Des Bouledogues furent dépêchés[2] à la poursuite de la Vipère, l'attaquèrent vaillamment pendant son sommeil, la lièrent et l'amenèrent devant la Cour.

Quelques extraits du journal des Canards vous suffiront pour apprécier cette affaire :

« Le greffier (c'est moi-même, Messieurs, sans nulle vanité) donne lecture de l'acte d'accusation. La Vipère nie le fait qui lui est imputé[3], quoiqu'un Lézard confirme la déposition de la Taupe. La Parole est à la Fourmi, expert chargé d'analyser les restes de la victime. (Mouvement d'attention.)

« Messieurs,

Notre but était de rechercher si le corps de ce malheureux Crapaud contenait le principe vénéneux récemment découvert dans la Vipère, et nommé par les savants *viperium.* Cette substance se combine avec divers oxydes, acides et corps simples, et forme différents *vipérates, vipérites* et *vipérures.* Nous avons donc analysé l'estomac, le foie, le poumon, les entrailles et la masse encéphalique[4] ; nous nous sommes, pour cela,

---

1. Monstre effroyable (en latin).
2. Envoyés.
3. Attribué.
4. De la boîte crânienne.

servis de réactifs[1] dérobés à un pharmacien homéopathe qui a l'habitude de porter sa pharmacie dans sa poche. Après avoir fait chauffer et évaporer jusqu'à siccité[2] le suc pancréatique et les matières contenues dans l'estomac, nous avons obtenu une substance liquoreuse, mais assez solide, que nous avons traitée par deux milligrammes d'eau distillée ; en la plaçant dans un matras[3] de verre et la soumettant à l'ébullition pendant deux heures vingt-cinq minutes, nous n'avons rien obtenu du tout ; mais cette même substance, traitée successivement par des acétates, des sulfates, des nitrates, des prussiates et des chlorates, nous a donné un précipité[4] d'un bleu vert pomme que nous avons retraité par plusieurs réactifs énergiques ; nous avons alors obtenu un précipité d'une couleur indécise, mais bien caractérisée, et qui ne saurait être que du *vipérium* à l'état pur. »

« Ce rapport clair et concluant, impressionne vivement l'auditoire. La Fourmi met sous les yeux des jurés une fiole contenant le résidu recueilli. (Agitation en sens divers.)

L'issue de ce procès, qui se termina par la condamnation de la Vipère, eût excité, sans aucun doute, la curiosité publique, si des débats plus importants ne l'avaient détournée.

On lisait dans le journal :

« Un crime affreux, commis avec les circonstances les plus aggravantes, vient de jeter la terreur dans ce pays. Une Brebis, qui, en fuyant sa bergerie, avait donné aux Animaux domestiques l'exemple

---

1. Substance chimique qui entre en réaction avec une autre.
2. Assèchement.
3. Vase.
4. Substance.

d'une noble indépendance, a été égorgée avec son Agneau. Un Loup, coupable de ce crime, a été immédiatement arrêté encore muni du poignard assassin. Il a cherché, à plusieurs reprises, à se donner la mort ; mais on l'a prévenu[1] dans cet odieux projet. On doit des éloges au brigadier des Bouledogues pour la fermeté qu'il a déployée dans cette périlleuse arrestation.

« Il importait de savoir quel avait été le genre de mort de la malheureuse Brebis, dont on avait coupé la gorge. On choisit à cet effet un Dindon, savant docteur décoré, qui s'était acquis une juste célébrité en découvrant, comme dit mon ami le Rat, *rationem quare opium favit dormire*[2]. Ce docteur illustre constata que la Brebis était loin d'avoir succombé à une attaque de choléra-morbus[3], comme on aurait pu faussement l'avancer ; mais que le gosier ayant été entamé à l'aide d'un instrument non contondant[4], par une plaie de six centimètres de long, la mort avait été le résultat de la division de la veine jugulaire interne. »

Pour peindre la comparution du coupable devant ses juges, faisons un nouvel emprunt au journal désigné plus haut :

« Dès le matin, une multitude immense assiège les portes du prétoire[5] ; l'autorité a pris des mesures pour prévenir le désordre. L'accusé est introduit. Il est pâle ; ses yeux sont noirs, mais sans éclat. Sa mise[6], quoique décente, n'a rien de recherché. On distingue à peine

1. Arrêté.
2. La raison pour laquelle l'opium fait dormir (en latin).
3. Choléra, maladie épidémique.
4. Par un instrument tranchant.
5. Tribunal.
6. Manière de s'habiller.

ses traits, qu'il semble vouloir dérober à la curiosité publique. Un vieux Corbeau, qui, entre vingt concurrents, a obtenu l'*honneur* de défendre le grand criminel, s'assied au banc de la défense en robe d'avocat.

« L'accusé répond avec fermeté aux questions d'usage. Lecture faite de l'acte d'accusation, le président demande au Loup ce qu'il peut alléguer[1] pour sa justification.

« Le Loup se lève : “Monsieur le président, je suis innocent du crime dont on m'accuse. (Mouvement.) J'ai eu longtemps, je l'avoue, la funeste habitude de détruire des Moutons ; mais en agissant ainsi, je consultais moins mon inclination que ma haine pour les Hommes : si j'éprouvais du plaisir à donner la mort à une Brebis, c'est que c'était enlever à nos oppresseurs une portion de leur richesse. Depuis longtemps, je suis revenu à des sentiments plus doux, mais sans cesser de détester les Hommes. Jugez donc de mon indignation, quand, l'autre jour, je vis les malheureux dont on m'impute la mort, poursuivis par un boucher qui les frappa sans pitié. Je volai à leur secours : l'infâme bourreau prit la fuite ; et c'est au moment où je venais de ramasser son arme, où je me préparais à panser[2] les plaies des victimes, que les agents de l'autorité m'ont fait prisonnier. Je me propose de les attaquer plus tard… en dommages-intérêts pour attentat à la liberté d'un citoyen paisible. Provisoirement, je me contente de protester mon innocence.” (L'accusé se rassied et porte la patte à ses yeux.) […]

« Plusieurs témoins confirment les faits consignés dans l'acte d'accusation. Le Loup persiste dans son système de défense, et soutient que le poignard qu'on lui présente ne lui a jamais appartenu. […] »

1. Avancer comme arguments.
2. Soigner.

[L]es débats se poursuivirent pendant huit jours. On entendit vingt-cinq témoins, tant à charge qu'à décharge. Jurés, défenseurs, président, avocat général, n'épargnèrent ni interrogations, ni interruptions, ni observations, ni interpellations ; il en résulta que l'affaire, excessivement claire dans le principe, s'embrouilla au point de devenir incompréhensible. La plupart des procès ressemblent à l'eau d'une fontaine : plus on les agite, plus ils deviennent troubles. [...]

« La Cour condamne le Loup à la peine de mort.

« La foule immense qui s'est entassée dans le prétoire reste morne et silencieuse ; pas un mot, pas un bêlement, pas un geste ne se manifeste. On dirait, à voir tous ces regards fixés sur un même point, tous ces becs muets et silencieux, qu'une même commotion[1] électrique les a frappés tous d'une éternelle immobilité. »

Cette phrase ronflante termine le récit de cette dernière séance, publié dans le journal de la Cour criminelle. Le héros du procès vient d'être pendu ; il est mort avec courage et en protestant de son innocence. [...]

Les restes du supplicié ont été recueillis et enterrés sans cérémonie, sauf son crâne qu'on a remis à un Hibou, très habile dans la science phrénologique[2]. Cet illustre physiologiste[3] lui a trouvé extraordinairement développée la bosse de la bienveillance. – Veuillez m'accorder la vôtre.

1. Choc.
2. Science de l'étude du caractère d'un individu par l'examen de la forme de son crâne.
3. Scientifique.

Georges Courteline (1858-1929) et Jules Lévy (1857-1935)

Le commissaire est bon enfant, 1899

Dans cette comédie, les personnages se succèdent pour mettre à l'épreuve la patience d'un commissaire de police tatillon…

Scène IV

Le commissaire, Breloc.

[…]

Une voix, *à la cantonade*[1]. – Monsieur le commissaire !

Le commissaire. – Vous demandez ?

La voix. – Une audience, une courte audience.

Le commissaire. – Si courte que cela ?

La voix. – J'en ai pour une minute.

Le commissaire. – Pas plus ?

La voix. – À peine, monsieur.

Le commissaire. – En ce cas…

Il s'efface. Apparition, sur le seuil de la porte, de Breloc, qui entre, se découvre et gagne le milieu du théâtre.

Le commissaire. – Veuillez vous expliquer.

Breloc. – Monsieur le commissaire, c'est bien simple. Je viens déposer entre vos mains une montre que j'ai trouvée cette nuit au coin du boulevard Saint-Michel et de la rue Monsieur-le-Prince.

Le commissaire. – Une montre ?

Breloc. – Une montre.

Le commissaire. – Voyons.

Breloc. – Voici.

---

1. Depuis les coulisses.

Il tire de son gousset[1] *et remet au commissaire une montre que celui-ci examine longuement. À la fin :*

Le commissaire. – C'est une montre, en effet.

Breloc. – Oh ! il n'y a pas d'erreur.

Le commissaire. – Je vous remercie.

Il va à sa table, fait jouer un tiroir et y enfouit la montre de Breloc.

Breloc. – Je puis me retirer ?

Le commissaire, *l'arrêtant du geste.* – Pas encore.

Breloc. – Je suis un peu pressé.

Le commissaire. – Je le regrette.

Breloc. – On m'attend.

Le commissaire, *sec.* – On vous attendra.

Breloc, *un peu étonné.* – Ah ?

Le commissaire. – Oui.

Breloc. – Mais…

Le commissaire. – C'est bien. Un instant. Vous ne supposez pas, sans doute, que je vais recueillir cette montre de vos mains sans que vous m'ayez dit comment elle y est tombée.

Breloc. – J'ai eu l'honneur de vous expliquer tout à l'heure que je l'avais trouvée cette nuit, au coin de la rue Monsieur-le-Prince et du boulevard Saint-Michel.

Le commissaire. – J'entends bien ; mais où ?

Breloc. – Où ? Par terre.

Le commissaire. – Sur le trottoir ?

Breloc. – Sur le trottoir.

Le commissaire, *soupçonneux.* – Voilà qui est extraordinaire. Le trottoir, ce n'est pas une place où mettre une montre.

---

1. Petite poche de gilet.

Breloc. – Je vous ferai remarquer…

Le commissaire. – Je vous dispense de toute remarque. J'ai la prétention de connaître mon métier. Au lieu de me donner des conseils, donnez-moi votre état civil.

Breloc, *un commencement d'impatience dans la voix.* – Je m'appelle Breloc (Jean-Eustache). Je suis né à Pontoise, le 29 décembre 1861, de Pierre-Timoléon-Alphonse-Jean-Jacques-Alfred-Oscar Breloc et de Céleste Moucherol, son épouse.

Le commissaire. – Où demeurez-vous ?

Breloc. – Rue Pétrelle, 47, au premier au-dessus de l'entresol[1].

Le commissaire, *après avoir pris note.* – Quelles sont vos ressources ?

Breloc, *qui se monte[2] peu à peu.* – J'ai vingt-cinq mille livres de rente, une ferme en Touraine, une chasse gardée en Beauce, six chiens, trois chats, une bourrique[3], onze lapins et un cochon d'Inde.

Le commissaire. – Ça suffit ! Quelle heure était-il quand vous avez trouvé cette montre ?

Breloc. – Trois heures du matin.

Le commissaire, *ironique.* – Pas plus ?

Breloc. – Non.

Le commissaire. – Vous me faites l'effet de mener une singulière existence.

Breloc. – Je mène l'existence qui me plaît.

Le commissaire. – Possible ; seulement, moi, j'ai le droit de me demander ce que vous pouviez fiche à trois heures du matin au coin de la rue Monsieur-le-Prince, vous qui *dites* habiter rue Pétrelle, 47.

---

1. Étage situé entre le rez-de-chaussée et le premier étage.
2. S'énerve, se met en colère.
3. Un âne.

Breloc. – Comment, je *dis* !

Le commissaire. – Oui, vous le dites.

Breloc. – Je le dis parce que cela est.

Le commissaire. – C'est ce qu'il faudra établir. En attendant, faites-moi le plaisir de répondre avec courtoisie aux questions que mes devoirs m'obligent à vous poser. Je vous demande ce que vous faisiez, à une heure aussi avancée de la nuit, dans un quartier qui n'est pas le vôtre.

Breloc. – Je revenais de chez ma maîtresse.

Le commissaire. – Qu'est-ce qu'elle fait, votre maîtresse ?

Breloc. – C'est une femme mariée.

Le commissaire. – À qui ?

Breloc. – À un pharmacien.

Le commissaire. – Qui s'appelle ?

Breloc. – Ça ne vous regarde pas.

Le commissaire. – C'est à moi que vous parlez ?

Breloc. – Je pense.

Le commissaire. – Oh ! mais, dites donc, mon garçon, vous allez changer de langage. Vous le prenez sur un ton qui ne me revient pas, contrairement à votre figure, qui me revient, elle !

Breloc. – Ah bah !

Le commissaire. – Oui ; comme un souvenir. Vous n'avez jamais eu de condamnations ?

Breloc, *stupéfait.* – Et vous ?

Le commissaire, *qui bondit.* – Vous êtes un insolent !

Breloc. – Vous êtes une foutue bête.

Le commissaire. – Retirez cette parole !

Breloc. – Vous vous fichez de moi. Me prenez-vous pour un escroc ?

(Les deux répliques suivantes doivent être dites ensemble.)

Breloc. – Et puis j'en ai plein le dos, à la fin ; vous m'embêtez avec votre interrogatoire. A-t-on idée d'une chose pareille ? Je trouve dans la rue une montre ; je me détourne de mon chemin pour vous la rapporter, et voilà comment je suis reçu ! D'ailleurs, c'est bien fait pour moi ; ça m'apprendra à rendre service et à me conduire en honnête homme.

Le commissaire. – Ah c'est comme ça ? Eh bien attendez, mon gaillard, je vais vous apprendre à me parler avec les égards qui me sont dus ! En voilà encore, un voyou ! Est-ce que je vous connais, moi ? Est-ce que je sais qui vous êtes ? Vous dites habiter rue Pétrelle : rien ne me le prouve ! Vous dites vous nommer Breloc : je n'en sais rien. Et puis d'ailleurs, c'est bien simple. La question va être tranchée.

Le commissaire court à la porte qu'il ouvre.

Le commissaire. – Emparez-vous de cet homme-là, et collez-le-moi au violon[1] !

Breloc. – Ça, par exemple, c'est un comble !

L'agent. – Allez ! Allez ! Au bloc ! Et pas de rouspétance[2] !

Breloc, *emmené presque de force.* – Eh bien, que j'en trouve encore une !... que j'en trouve encore une, de montre !

Il disparaît.

1. En prison.
2. Protestation.

Honoré Daumier (1808-1879)

« Vous aviez faim... », « Les Gens de justice », n° 15, *Le Charivari*, 20 octobre 1845

Honoré Daumier a été sa vie durant le commentateur féroce de la vie politique du XIX*e siècle. Emprisonné pour sa caricature de Louis-Philippe en Gargantua, il se consacre ensuite à la critique des mœurs et de la société. La série des « gens de justice » croque l'injustice, à l'image du dessin n° 15 ainsi légendé : « Vous aviez faim... vous aviez faim... ça n'est pas une raison... mais moi aussi presque tous les jours j'ai faim et je ne vole pas pour cela ! »*

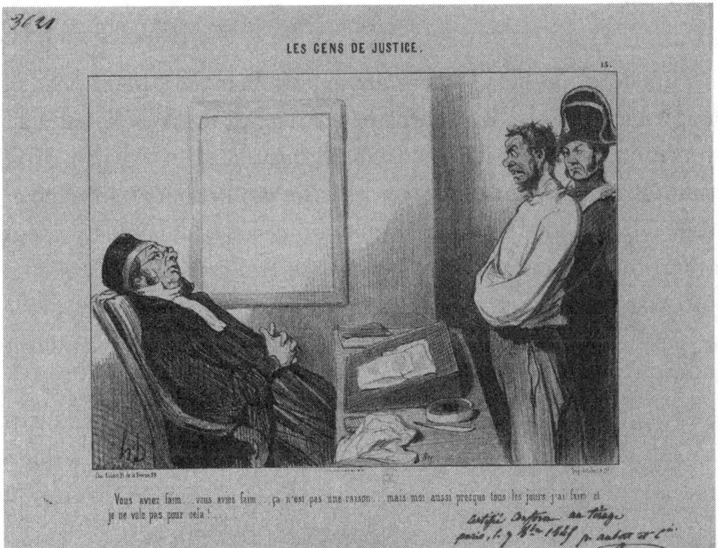

Dénoncer la guerre

Voltaire (1694-1778)

Le Monde comme il va – Vision de Babouc, I, 1746

Dans ce conte philosophique oriental, Voltaire met en scène Babouc, un Scythe[1] envoyé en mission par l'ange Ituriel pour observer Persépolis et ses habitants, afin de décider si la ville doit être détruite ou ses habitants simplement punis. À travers Persépolis, c'est Paris qui est la cible de la satire voltairienne.

Parmi les génies qui président aux empires du monde, Ituriel tient un des premiers rangs, et il a le département de la haute Asie. Il descendit un matin dans la demeure du Scythe Babouc, sur le rivage de l'Oxus, et lui dit : « Babouc, les folies et les excès des Perses ont attiré notre colère : il s'est tenu hier une assemblée des génies de la haute Asie pour savoir si on châtierait[2] Persépolis, ou si on la détruirait. Va dans cette ville, examine tout ; tu reviendras m'en rendre un compte fidèle, et je me déterminerai, sur ton rapport, à corriger la ville ou à l'exterminer. – Mais, seigneur, dit humblement Babouc, je n'ai jamais été en Perse ; je n'y connais personne. – Tant mieux, dit l'ange, tu ne seras point partial[3] ; tu as reçu du Ciel le discernement[4] et j'y ajoute le don d'inspirer

1. Habitant du sud de la Russie.
2. Punirait.
3. Injuste en prenant parti.
4. L'intelligence, la raison.

la confiance ; marche, regarde, écoute, observe, et ne crains rien ; tu seras partout bien reçu. »

Babouc monta sur son chameau et partit avec ses serviteurs. Au bout de quelques journées, il rencontra vers les plaines de Sennaar l'armée persane, qui allait combattre l'armée indienne. Il s'adressa d'abord à un soldat qu'il trouva écarté. Il lui parla, et lui demanda quel était le sujet de la guerre. « Par tous les dieux, dit le soldat, je n'en sais rien. Ce n'est pas mon affaire : mon métier est de tuer et d'être tué pour gagner ma vie ; il n'importe qui je serve. Je pourrais bien même dès demain passer dans le camp des Indiens : car on dit qu'ils donnent près d'une demi-drachme[1] de cuivre par jour à leurs soldats de plus que nous n'en avons dans ce maudit service de Perse. Si vous voulez savoir pourquoi on se bat, parlez à mon capitaine. »

Babouc ayant fait un petit présent au soldat entra dans le camp. Il fit bientôt connaissance avec le capitaine, et lui demanda le sujet de la guerre. « Comment voulez-vous que je le sache ? dit le capitaine, et que m'importe ce beau sujet ? J'habite à deux cents lieues de Persépolis ; j'entends dire que la guerre est déclarée ; j'abandonne aussitôt ma famille, et je vais chercher, selon notre coutume, la fortune ou la mort, attendu que je n'ai rien à faire. – Mais vos camarades, dit Babouc, ne sont-ils pas un peu plus instruits que vous ? – Non, dit l'officier ; il n'y a guère que nos principaux satrapes[2] qui savent bien précisément pourquoi on s'égorge. »

Babouc, étonné, s'introduisit chez les généraux ; il entra dans leur familiarité. L'un d'eux lui dit enfin : « La cause de cette guerre, qui désole depuis vingt ans l'Asie, vient originairement d'une querelle entre

---

1. Monnaie.
2. Gouverneurs.

un eunuque[1] d'une femme du grand roi de Perse, et un commis d'un bureau du grand roi des Indes. Il s'agissait d'un droit qui revenait à peu près à la trentième partie d'une darique[2]. Le premier ministre des Indes et le nôtre soutinrent dignement les droits de leurs maîtres. La querelle s'échauffa. On mit de part et d'autre en campagne une armée d'un million de soldats. Il faut recruter cette armée tous les ans de plus de quatre cent mille hommes. Les meurtres, les incendies, les ruines, les dévastations, se multiplient ; l'univers souffre, et l'acharnement continue. Notre premier ministre et celui des Indes protestent souvent qu'ils n'agissent que pour le bonheur du genre humain ; et à chaque protestation il y a toujours quelque ville détruite et quelques provinces ravagées. »

Le lendemain, sur un bruit qui se répandit que la paix allait être conclue, le général persan et le général indien s'empressèrent de donner bataille ; elle fut sanglante. Babouc en vit toutes les fautes et toutes les abominations ; il fut témoin des manœuvres des principaux satrapes, qui firent ce qu'ils purent pour faire battre leur chef. Il vit des officiers tués par leurs propres troupes ; il vit des soldats qui achevaient d'égorger leurs camarades expirants pour leur arracher quelques lambeaux sanglants, déchirés et couverts de fange. Il entra dans les hôpitaux où l'on transportait les blessés, dont la plupart expiraient par la négligence inhumaine de ceux mêmes que le roi de Perse payait chèrement pour les secourir. « Sont-ce là des hommes, s'écria Babouc, ou des bêtes féroces ? Ah ! je vois bien que Persépolis sera détruite. »

Occupé de cette pensée, il passa dans le camp des Indiens : il y fut aussi bien reçu que dans celui des Perses, selon ce qui lui avait été prédit ; mais

1. Homme castré, gardien de harem.
2. Ancienne monnaie d'Iran.

il y vit tous les mêmes excès qui l'avaient saisi d'horreur. « Oh, oh ! dit-il en lui-même, si l'ange Ituriel veut exterminer les Persans, il faut donc que l'ange des Indes détruise aussi les Indiens. » S'étant ensuite informé plus en détail de ce qui s'était passé dans l'une et l'autre armée, il apprit des actions de générosité, de grandeur d'âme, d'humanité, qui l'étonnèrent et le ravirent. « Inexplicables humains, s'écria-t-il, comment pouvez-vous réunir tant de bassesse et de grandeur, tant de vertus et de crimes ? »

Cependant la paix fut déclarée. Les chefs des deux armées, dont aucun n'avait remporté la victoire, mais qui, pour leur seul intérêt, avaient fait verser le sang de tant d'hommes, leurs semblables, allèrent briguer[1] dans leurs cours des récompenses. On célébra la paix dans des écrits publics qui n'annonçaient que le retour de la vertu et de la félicité[2] sur la terre. « Dieu soit loué ! dit Babouc ; Persépolis sera le séjour de l'innocence épurée[3] ; elle ne sera point détruite comme le voulaient ces vilains génies : courons sans tarder dans cette capitale de l'Asie. »

Pierre Desproges (1939-1988)

« Et l'intelligence, c'est du poulet ? », *Manuel de savoir-vivre à l'usage des rustres et des malpolis*, © Éditions du Seuil, 1981 « Points Documents », 2018

Inspiré par Voltaire, Rabelais, Jules Renard et Alphonse Allais, Pierre Desproges a dévoilé à la radio, à la télévision et dans des livres le pouvoir de son humour grinçant, noir et féroce.

1. Réclamer, solliciter.
2. Joie parfaite et durable.
3. Rendue plus pure.

Donc, l'intelligence distingue l'homme de la bête. Pour s'en convaincre, livrons-nous à une petite expérience fort simple. Prenons un homme que nous appellerons Albert. (S'il ne vient pas lorsque nous l'appelons Albert, appelons-le René ou Sigismond, ça n'a absolument aucune espèce d'importance. Personnellement, je m'en fous complètement.)

Je disais : Prenons un homme que nous appellerons Albert par pure convention. D'ailleurs, je n'avais même pas terminé ma phrase. Je voulais dire : Prenons un homme que nous appellerons Albert et un chien que nous appellerons Kiki. […]

Pour démontrer que l'homme est beaucoup plus intelligent que le chien, il nous suffira de les conduire tous les deux au front à Verdun alors que le combat fait rage et que les obus font des trous dans les jeunes gens qui poussent des petits cris désespérés en ramassant leurs intestins dans la boue des tranchées. Au moment où le capitaine crie : « À l'assaut les p'tits gars ! », lâchons simultanément l'homme qui répond au nom d'Albert et le chien qui répond au nom de Kiki. Qu'observons-nous ? Alors que le chien file se planquer dans le sous-bois, l'homme court se faire éventrer en criant : « Mort aux Boches ! » N'est-ce pas la preuve que l'homme est plus intelligent que le chien ?

Jean Echenoz (né en 1947)

14, © Les Éditions de Minuit, 2012

Anthime Sèze, mobilisé dans le 93e régiment d'infanterie, est parti confiant à la guerre. Il aime Blanche, comme son frère, Charles, qu'elle préfère. Ce dernier trouve la mort et laisse Blanche enceinte de Juliette. Anthime, quant à lui, poursuit la dure guerre des tranchées…

De fait, Anthime s'est adapté. Ne se fût-il pas adapté, d'ailleurs, eût-il montré du mal à supporter les choses et voulu le faire savoir, la censure du courrier n'aidait pas trop à ce qu'on se plaignît. Oui, Anthime s'est plutôt vite fait aux travaux quotidiens de nettoyage, de terrassement, de chargement et de transport de matériaux, aux séjours en tranchée, aux relèves nocturnes et aux jours de repos. Ceux-ci n'en avaient d'ailleurs que le nom, consistant en exercices, instruction, manœuvres, vaccins anti-typhoïdiques, douches quand tout allait bien, défilés, prises d'armes et cérémonies – remise d'une croix de guerre inventée depuis six mois ou par exemple, ces derniers jours dans la section, citation décernée à un sergent-major pour sa constance au front malgré ses rhumatismes. Anthime s'est également habitué aux déplacements, aux changements de tenue et surtout aux autres. [...]

À la nuit, le feu s'est ralenti, ç'aurait pu être presque calme si l'on n'avait dû, le ravitaillement se trouvant désorganisé par l'offensive, aller chercher des vivres dans le noir jusqu'à Perthes[1] en parcourant cinq kilomètres de boyaux[2]. Au retour, Anthime avant d'aller dormir a juste eu le temps de trouver et de lire une lettre de Blanche donnant des nouvelles de Juliette – deuxième dent –, avant d'apprendre par un fourrier[3] que le 120ᵉ avait pris deux tranchées à droite. À gauche, vers la butte de Souain, ceux d'en face en avaient pris deux autres qui, disait-on, leur avaient été aussitôt reprises, bref ça n'arrêtait pas.

Et dès le lendemain matin ça n'a plus eu de cesse encore, dans le perpétuel tonnerre polyphonique sous le grand froid confirmé. Canon tonnant en basse continue, obus fusants et percutants de tous calibres,

1. Perthes-lès-Hurlus, dans la Marne, village détruit pendant la Première Guerre mondiale, voisin de Souain.
2. Fossés reliant des tranchées.
3. Soldat chargé notamment de la distribution des vivres.

balles qui sifflent, claquent, soupirent ou miaulent selon leur trajectoire, mitrailleuses, grenades et lance-flammes, la menace est partout : d'en haut sous les avions et les tirs d'obusiers, d'en face avec l'artillerie adverse et même d'en bas quand, croyant profiter d'un moment d'accalmie au fond de la tranchée où l'on tente de dormir, on entend l'ennemi piocher sourdement au-dessous de cette tranchée même, au-dessous de soi-même, creusant des tunnels où il va disposer des mines afin de l'anéantir, et soi-même avec.

On s'accroche à son fusil, à son couteau dont le métal oxydé, terni, bruni par les gaz ne luit[1] plus qu'à peine sous l'éclat gelé des fusées éclairantes, dans l'air empesté par les chevaux décomposés, la putréfaction des hommes tombés puis, du côté de ceux qui tiennent encore à peu près droit dans la boue, l'odeur de leur pisse et de leur merde et de leur sueur, de leur crasse et de leur vomi, sans parler de cet effluve[2] envahissant de rance, de moisi, de vieux, alors qu'on est en principe à l'air libre sur le front. Mais non : cela sent le renfermé jusque sur sa personne et en elle-même, à l'intérieur de soi, derrière les réseaux de barbelés crochés de cadavres pourrissants et désarticulés qui servent parfois aux sapeurs[3] à fixer les fils du téléphone – cela n'étant pas une tâche facile, les sapeurs transpirent de fatigue et de peur, ôtent leur capote[4] pour travailler plus aisément, la suspendent à un bras qui, saillant du sol retourné, leur tient lieu de portemanteau.

Tout cela ayant été décrit mille fois, peut-être n'est-il pas la peine de s'attarder encore sur cet opéra sordide[5] et puant. Peut-être n'est-il d'ail-

---

1. Brille.
2. Émanation d'une odeur.
3. Soldats du génie employés à creuser.
4. Manteau militaire à capuchon.
5. Misérable et sale.

leurs pas bien utile non plus, ni très pertinent, de comparer la guerre à un opéra, d'autant moins quand on n'aime pas tellement l'opéra, même si comme lui c'est grandiose, emphatique[1], excessif, plein de longueurs pénibles, comme lui cela fait beaucoup de bruit et souvent, à la longue, c'est assez ennuyeux.

Raphaël Confiant (né en 1951)

Le Bataillon créole, © Mercure de France, 2013

Lucien fait partie de ces Martiniquais partis en métropole pour participer aux combats de la Première Guerre mondiale. Avant de mourir à Verdun, il livre ses sensations et son analyse du corps à corps avec l'ennemi.

[CHAIR BLANCHE/CORPS NÈGRE.

Qui dira le plaisir intense que l'on ressent en enfonçant sa baïonnette dans les génitoires[2] de l'ennemi ? De sentir la lame les fouiller jusqu'à les faire exploser dans des gerbes[3] de sang chaud qui s'éparpille sur votre figure. Et le Teuton[4], beuglant de douleur et d'incrédulité mêlées, qui s'effondre, s'agrippant absurdement à son casque à la pointe ô combien ridicule. Le Teuton qui éructe, qui s'époumone, qui vous maudit, qui appelle Dieu à son aide, qui gigote sur le sol couvert de neige boueuse. Et ses paroles scandées à l'orée de la mort de s'accrocher à vos oreilles qui n'en comprennent goutte, mais qui refusent de vous laisser tranquille, qui vous poursuivent le lendemain, le surlendemain et les jours

---

1. Plein d'une emphase exagérée.
2. Testicules.
3. Jets.
4. Désignation péjorative du soldat allemand.

d'après. Sa stupeur de voir surgir face à lui un Nègre, lui qui sans doute n'en avait jamais vu de toute sa vie, hormis dans les livres illustrés ou les journaux. Corps à corps du corps blanc et du corps nègre, le premier comme statufié, incapable de se servir de son arme, attendant il ne sait quoi, et cette attente – peut-être quelques fractions de secondes – qui lui est fatale car l'autre, son vis-à-vis, a des siècles de vengeance à assouvir. Alors, ce dernier laisse tout son corps agir, pas seulement ses bras. Il se sent emporté par une rage sourde, immémoriale[1], incontrôlable de toute façon, qui le pousse à s'acharner sur ce corps blanc déjà sans vie qui gît au-devant de lui. Le corps nègre enfonce la lame dans les entrailles du corps blanc qui ne bouge plus. Le laboure jusqu'à en faire jaillir les intestins, le foie, les poumons, le cœur enfin. Éviscération[2] démentielle[3] qui teinte la neige d'écarlate, lequel vire vite au marron sale, puis à cette couleur hideuse qui n'a sans doute de dénomination dans aucune langue.

La baïonnette qui s'enfonce dans le corps blanc efface d'un seul trait des siècles d'agenouillement, d'humiliation. Le Teuton, qui vous fait face, à l'instant où vous jaillissez de votre tranchée parce que l'ordre de fondre sur l'ennemi vous a été donné, ce Teuton au visage juvénile[4], souvent imberbe, aux yeux d'une claireté si bouleversante d'innocence, voire de tendresse – allez savoir ! –, ce Teuton-là devient le Béké[5], le Blanc créole, devant lequel les vôtres et vous n'ont jamais pu que courber l'échine et balbutier « oui, missié ». Mais l'immense satisfaction qui vous étreint alors ne saurait être partagée, même par ceux qui tout

1. Ancestrale, millénaire.
2. Action de faire sortir les boyaux du corps.
3. Folle, délirante.
4. Jeune.
5. Créole des Antilles, descendant direct des premiers colons blancs.

comme vous l'éprouvent et cela au même instant, c'est-à-dire soldats d'Afrique et du Maghreb, car aussitôt la honte vous saisit, le sentiment plus exactement d'être descendu au niveau des bêtes les plus immondes. Ce sentiment-là, cette revanche prise à la venvole[1], elle demeure en chacun de vous, secrète et fiévreuse tout à la fois, et vos chefs, ces lieutenants ou capitaines natifs de Bourgogne, de Normandie ou de Provence, de vous couvrir d'éloges. Ah, le soldat des colonies est un vaillant homme ! Il monte à l'assaut de l'ennemi sans peur ni reproche. Il ne craint pas la mort, et on jurerait même que c'est elle qui tremble devant lui. Et si par extraordinaire vous réchappez à la boucherie, voici que l'on vous cite à l'Ordre de la Nation, qu'on vous décore, qu'on vous serre les mains, qu'on vous baille[2] l'accolade et vous, gêné au plus profond de vous-même, de baisser la hauteur de votre regard, car vous savez que dans toute cette affaire, il n'a point été question de courage, mais de soif. Soif de venger vos arrière-grands-mères violées, impunément violées, et cela à un âge à peine nubile[3], par le maître de la plantation. Soif de rendre justice aux hommes de votre lignée dont vous ne connaîtrez jamais ni les visages ni les noms, ceux-là qui subirent ce fouet colonial dénommé « rigoise » et les chaînes aux pieds, le carcan[4] au cou et l'humide cachot d'habitation. Mais une fois la baïonnette retirée, une fois la satisfaction savourée, voici qu'un malaise s'empare de vous et vous rend incapable d'entonner les chants de victoire de vos camarades métropolitains. Et eux de vous bousculer gentiment de l'épaule : Hé, Chocolat, pourquoi tu gardes la bouche fermée ? Bamboula, ta mémoire défaille ou quoi ? Allez, avale ce verre de vin et chante avec nous ! Qu'est-ce qui lui arrive

---

1. À la légère.
2. Donne.
3. Pubère, adolescent.
4. Collier de fer.

ce soir, Blanchette, il songe à son île ensoleillée ou quoi ? Fais pas cette tête-là, mon gars ! Tu les reverras ton paradis et tes belles doudous[1] à peau de caramel, ha-ha-ha !

Ils ne savent pas que ce plaisir qui s'est emparé de vous, à l'inverse du leur, vous intranquillise. Ni que leur ennemi, le Teuton, n'est pas vraiment le vôtre, n'a jamais été le vôtre en fait. Qu'au moment même où vous avez enfoncé la baïonnette dans les génitoires de celui qui vous a fait face, ce n'était ni sa nationalité, ni sa religion, ni sa langue que vous aviez cherché à détruire, mais son être même. Sa race. Ou, plus exactement, sa couleur. Oui, voilà : vous avez combattu la blancheur et non le Teuton. Cette blancheur qui, pour une fois, se trouvait à votre portée, que vous pouviez atteindre. Cette blancheur sur laquelle vous étiez dûment autorisé à porter la main. Autorisation donnée par d'autres Blancs !

Revenu au pays auréolé de gloire, même s'il vous manque parfois un bras ou les deux jambes, même si vos poumons sont à moitié détruits pour avoir respiré l'horrible gaz moutarde, vous vous employez à donner le change. À jouer au vaillant soldat, au héros qui a payé l'impôt du sang à la mère patrie au nom de tous les Martiniquais. Vous acceptez pluie de médailles et avalasses[2] de discours pompeux, défilés patriotiques et embrassades de la populace. Mais une manière de souffrance vous habite que vous êtes seul à connaître, souffrance teintée du dégoût de soi et que vous tentez de noyer dans le rhum-coco-merlo, le plus raide de tous, sans pourtant nourrir la moindre envie de récupérer votre état d'esprit d'avant. D'avant guerre. Quand la seule vue d'un homme

1. Femmes aimées (« ma chérie », en antillais).
2. Torrents.

blanc vous imposait immédiatement retenue, humilité, servilité[1] même et parfois terreur.

Cette guerre barbare a comme rétabli votre humanité en vous plaçant désormais à exacte hauteur de l'homme blanc. Voici ce qui ne saurait se proclamer en place publique ! Tout cela qui peut demeurer longtemps obscur en vous, pour vous. Alors, vous laissez dire que vous avez mis tout votre courage, toute votre âme, au service de la patrie.

Patrick Chappatte (né en 1967)

« 1914-1918 : la boucherie », *Le Temps*, 1998

Le dessinateur suisse a longtemps œuvré au New York Times *et au* Canard enchaîné. *Ses cibles sont souvent actuelles (l'ère Trump, le climat, la guerre en Syrie, la Corée du Nord, le terrorisme…). Pourtant, en 2014, à l'occasion du centenaire de la Première Guerre mondiale, il participe au projet « Dessine-moi la guerre », une exposition réalisée par* Cartooning for Peace, *avec le dessin d'un monument aux morts évoquant la boucherie qu'a été ce terrible conflit.*

1. Soumission.

EPICERIE
1914
1918
CHAPPATTE

Militer contre le racisme

Montesquieu (1689-1755)

« De l'esclavage des nègres », *De l'esprit des lois*, 1748

Au livre XV de cet ouvrage politique, Montesquieu consacre dix-neuf chapitres à la question de l'esclavage, qu'il dénonce, tantôt par la raison, tantôt par l'ironie.

Si j'avais à soutenir le droit que nous avons eu de rendre les nègres esclaves, voici ce que je dirais :

Les peuples d'Europe ayant exterminé ceux de l'Amérique, ils ont dû mettre en esclavage ceux de l'Afrique, pour s'en servir à défricher[1] tant de terres.

Le sucre serait trop cher, si l'on ne faisait travailler la plante qui le produit par des esclaves.

Ceux dont il s'agit sont noirs depuis les pieds jusqu'à la tête ; et ils ont le nez si écrasé qu'il est presque impossible de les plaindre.

On ne peut se mettre dans l'esprit que Dieu, qui est un être très sage, ait mis une âme, surtout une âme bonne, dans un corps tout noir.

Il est si naturel de penser que c'est la couleur qui constitue l'essence de l'humanité, que les peuples d'Asie, qui font des eunuques, privent toujours les Noirs du rapport qu'ils ont avec nous d'une façon plus marquée.

---

1. Débroussailler pour permettre les cultures.

On peut juger de la couleur de la peau par celle des cheveux, qui, chez les Égyptiens, les meilleurs philosophes du monde, étaient d'une si grande conséquence, qu'ils faisaient mourir tous les hommes roux qui leur tombaient entre les mains.

Une preuve que les nègres n'ont pas le sens commun, c'est qu'ils font plus de cas d'un collier de verre que de l'or, qui, chez des nations policées[1], est d'une si grande conséquence[2].

Il est impossible que nous supposions que ces gens-là soient des hommes, parce que, si nous les supposions des hommes, on commencerait à croire que nous ne sommes pas nous-mêmes chrétiens.

De petits esprits exagèrent trop l'injustice que l'on fait aux Africains : car, si elle était telle qu'ils le disent, ne serait-il pas venu dans la tête des princes d'Europe, qui font entre eux tant de conventions[3] inutiles, d'en faire une générale en faveur de la miséricorde et de la pitié ?

René Goscinny (1926-1977)

« Je ne suis pas raciste, mais… », *Les Trésors retrouvés de René Goscinny*, © Éditions Glénat, 2018 – © *Le Monde*

*Scénariste de bandes dessinées (*Iznogoud, Astérix, Lucky Luke*), auteur du* Petit Nicolas, *René Goscinny livrait parfois un éditorial mordant ou un texte d'actualité, comme celui-ci, paru dans* Pilote *en 1969.*

1. Civilisées.
2. Importance.
3. Accords, arrangements.

René Goscinny, « Je ne suis pas raciste, mais... »

Il n'y a pratiquement plus, à part quelques dingues, de gens qui avouent ouvertement être racistes et ne pas aimer ceux qui n'ont pas exactement les mêmes origines que celles de leur proche famille. Cela ne veut pas dire, hélas, qu'il n'y a plus de racistes bien au contraire, mais ils sont prudents et ne révèlent leurs sentiments que par des formules sournoisement amicales. Par exemple :

– Quelques-uns de mes meilleurs amis sont juifs...

– C'est terrible la façon dont on traite les Nord-Africains : ce sont des êtres humains, après tout.

– Les faire voyager dans ces conditions, c'est monstrueux : ce sont des nègres, mais tout de même !

– La couleur de la peau m'importe peu ; noir, jaune, rouge ou juif, je n'y fais pas attention.

– J'admire les Juifs : ils sont rusés, et surtout très intelligents.

– Dites donc, il travaille bien, votre nouveau laveur de voitures... Tu t'appelles comment, Mohamed ?

– Moi, je ne fais pas attention à ces choses-là : un Blanc avec une Noire, ça ne me dérange pas du tout ; par contre, il faut avouer qu'une Blanche avec un Noir...

– Ça ne serait pas mieux si on faisait des écoles spéciales pour les petits Espagnols, les petits Portugais et les petits Nordafs[1] *? Ce n'est pas qu'ils me gênent, mais ils suivraient plus facilement les cours...*

– Je ne suis pas d'accord avec les Anglais et leur politique raciale. Nous, en France, au moins on accueille tout le monde : les Nègres, les Chinetoques, les Bics, les Youpins[2]*, n'importe qui, quoi.*

---

1. Nord-Africains, Maghrébins.

2. Termes racistes pour désigner les Noirs, les Asiatiques, les Arabes et les Juifs.

– Ce qu'il y a de formidable avec les Juifs c'est leur façon de s'entraider. Ils se tiennent tous bien ensemble.

– Je n'ai rien contre ceux qui viennent chez nous travailler honnêtement…

– Vous êtes juif ? Tiens ? Vous n'avez pas le type.

– C'est un type très bien : il est très évolué, il a fait ses études en France, et puis il est très fin ; il sait se tenir à sa place.

Et puis, il y a ceux qui prennent des précautions oratoires exagérées, surtout quand il y a dans l'assistance des membres d'ethnies douteuses. Ceux-là ont le sentiment que certains mots sont grossiers : juif, nègre, nord-africain.

– Vous avez déjà goûté de la carpe à l'israélite ?

– J'ai acheté un pantalon tête-de-noir.

– Il a été élevé dans une mission ; c'est un Musulman catholique.

– Vous connaissez la dernière histoire juiv… écossaise ?

– J'aime bien la cuisine musulmane.

– C'est un Africain originaire de la Martinique.

– Ça se passe pendant la guerre dans un sous-marin, il y a un Boche, un Rital[1] *et un Israélite...*

– Ouf ! Quelle journée ! J'ai travaillé comme un Noir.

– Comment s'appelle-t-elle déjà celle qui a adopté des enfants de tous les pays[2]*… Tu sais, la chanteuse africaine ?*

– Moi j'étais d'accord avec les jeunes quand ils criaient : « Nous sommes tous des Israélites allemands[3]*. »*

---

1. Italien (péjoratif).

2. Il est question de Joséphine Baker (1906-1975), artiste d'origine américaine.

3. Allusion à un slogan de mai 1968 : « Nous sommes tous *indésirables*, nous sommes tous des Juifs allemands », en réponse aux attaques racistes de *Minute*, un journal d'extrême droite, contre Daniel Cohn-Bendit, l'un des leaders de la révolte étudiante.

Luis Rego (né en 1943)

« La journée d'un fasciste », © Radio France/France Inter/*Le Tribunal des flagrants délires*, 28 septembre 1982

Lors de cette émission de radio satirique qui mettait en scène un tribunal imaginaire présidé par Claude Villers, des invités étaient passés en jugement, attaqués par Pierre Desproges (qui incarnait le ministère public), défendus ensuite par Luis Rego, avocat de la défense. Ce jour-là, c'est le président du Front national, parti d'extrême droite, qui est l'invité de l'émission.

Oui, je sais, comme disait Gabin[1], oui, je sais que l'extrême droite ce n'est pas le fascisme[2].

Mais on a quand même le droit d'être fasciste, même si on est pas d'extrême droite, merde !

Ne m'énervez pas... C'est vrai, quoi, dès que vous dites : « Je suis fasciste », les gens vous regardent d'un mauvais œil...

Alors qu'il suffit de ne pas le dire et personne ne s'en aperçoit.

Savez-vous ce que nous voulons ? Eh bien, je vais vous le dire : une société parfaite !

Une société où les chiens font où on leur dit de faire, où il n'y a pas de grèves, où les partis politiques viennent pas nous beurrer la raie[3] à la télé, où les travailleurs immigrés sont là pour travailler et non pas pour se goinfrer de couscous et de morue, où les riches doivent être contents d'être riches et les pauvres contents d'être pauvres, où tout le monde

1. Jean Gabin (1904-1976), célèbre acteur français. Allusion à une chanson qu'il a interprétée en 1974 : *Maintenant je sais*.
2. Dictature nationaliste et réactionnaire.
3. Énerver.

doit être uni contre tous les autres ! Où l'oncle doit être marié avec la tante.

Une société parfaite, c'est une société où l'on ne rit pas bêtement. Voilà.

J'ai été élevé dans une ambiance fasciste et si je respecte mes parents, c'est grâce à eux.

Mais je suis sûr que vous vous demandez comment un nazi peut vivre heureux au milieu de cette pagaille.

Eh bien, c'est très simple, je peux vous dire ce que j'ai fait hier :

5 heures du matin :

Je saute de mon lit en fer où je dors sur des clous.

Mon réveil automatique me chante « Heil li, heil lo, heil la[1] ».

Encore endormi, je salue le portrait du Führer[2] qui est juste au-dessus de mon lit en fer avant de me laver les dents avec une brosse...

... en fer également.

6 heures :

Petit déjeuner composé de saucisses de Francfort, pommes de terre, choucroute et bière à volonté.

7 heures :

J'achète *Minute*[3], pour me tenir au courant de ce qui se passe dans le monde chaque minute.

8 heures :

Je relis *Mein Kampf*[4], puis je pars déjouer les complots contre mon pays.

---

1. « Heili, Heilo, Heila », chant de l'armée allemande devenu l'archétype du chant nazi.
2. Adolf Hitler (1889-1945).
3. Journal d'extrême droite créé en 1962.
4. Livre-programme du nazisme, écrit par Adolf Hitler entre 1924 et 1925 [« Mon combat »].

Je me rends aujourd'hui à la Brasserie munichoise, rue de Verdun. Il fait plus de 5 degrés, j'ai très chaud. Je bois deux bières.

10 heures :

Il fait une chaleur infernale – 7 degrés – et je fais remarquer gentiment au barman qu'il est arabe mais c'est pas une raison pour être si long à me servir une septième bière.

11 heures :

Après avoir entendu dire du mal de la France dans cette brasserie, je rentre chez moi, écœuré.

13 heures :

Mon concierge portugais me dit bonjour, je ne lui réponds pas, comme d'habitude.

14 heures :

Pendant que la choucroute cuit, je bois une mousse[1] en écoutant du Wagner[2], puis je prépare une pétition afin de faire expulser le Noir du sixième, ainsi que le concierge portugais et toute sa famille, parce qu'il a fermé la porte de l'immeuble à dix heures cinq au lieu de dix heures.

15 heures :

Je reçois un coup de fil anonyme qui me dit « Salaud, on aura ta peau ».

Je suis sûr que c'est le Noir du sixième sur la porte duquel j'ai gravé une croix gammée à la hache. Je l'emmerde.

Puis je mets mon manteau de cuir noir avant de me rendre chez le tatoueur.

16 heures :

Je rentre chez le tatoueur pour me faire un tatouage du Führer sur l'omoplate droite.

---

1. Une bière.

2. Richard Wagner (1813-1883), compositeur allemand récupéré par le IIIe Reich en raison de son antisémitisme.

La séance commence mais au bout de cinq minutes, les douleurs sont intenables.

Je serre les dents sur le goulot de ma canette, l'amour du Führer demande beaucoup d'abnégation[1].

Tout d'un coup, horreur ! Je m'aperçois que la chaîne que le tatoueur porte à son poignet est gravée de son nom : Lévy.

Lévy ! J'ai du mal à contenir un cri de rage. L'aiguille me fait de plus en plus mal.

Je suis torturé par un Juif ! J'ai mal, c'est long... Pourvu qu'il ne s'aperçoive pas de mon admiration pour les Allemands.

18 heures :

Je ne peux plus bouger mon bras droit. Les douleurs sont insupportables.

Je prends le métro. Dans un couloir une affiche d'Amnesty International[2] provoque en moi une haine sanguinaire.

Je sors mon gros feutre noir de ma poche pour exprimer ma rage, mais j'ai du mal à écrire avec ma main gauche.

Alors, après avoir fait des pâtés sur l'affiche, j'arrête un passant et je lui demande gentiment de marquer dessus avec mon feutre : « Mort aux juifs et aux bougnoules[3]. »

Le type me demande en rigolant : « Bougnoules, ça prend deux L ? », et paf : il me balance un coup de tatane[4] dans les tibias.

19 heures :

Tombé à terre, j'ai mal partout. Une main charitable me porte secours.

---

1. Sacrifices.

2. Organisation qui promeut la défense des droits de l'homme.

3. Terme raciste pour désigner les Maghrébins.

4. Chaussure.

C'est la main d'un policier qui me demande ce qui se passe.

Je lui dis : « J'ai empêché un salaud d'écrire des injures sur l'affiche. »

Il me répond : « Vous n'êtes pas seul dans ce cas-là, hélas ! »

20 heures :

Je me traîne en boitant devant la Brasserie munichoise.

[…]

22 heures :

J'arrive à quatre pattes devant la porte de mon immeuble et elle est fermée !

J'ai oublié la clé, merde ! Et ce con de Portos[1] qui a fermé à l'heure !

Fou de rage, je balance des coups de tatane dans la lourde[2], mais il fait semblant de ne pas m'entendre, l'enflure !

Minuit :

Je tombe de fatigue et de sommeil, et je me couche dans une poubelle après avoir vomi.

4 heures du mat :

J'ai des frissons. J'entends la porte qui s'ouvre, c'est le Noir du sixième qui part au boulot.

Je hurle : « Laissez la porte ouverte ! »

Il me dit : « Je ne réponds pas aux gens qui me parlent d'une poubelle », et paf ! Il me claque la porte au nez.

Quel salaud ! Les gens de cette espèce-là, il faudrait s'en débarrasser une bonne fois pour toutes.

Il y a de plus en plus d'étrangers dans le monde… !

1. Portugais (terme injurieux).
2. Porte (argot).

Didier Daeninckx (né en 1949)

« Le reflet », *Main courante*, © Éditions Verdier, 1994

*Auteur de romans (*Cannibale*), de scénarios et de nouvelles, Didier Daeninckx est un auteur engagé. En 1994, il fait paraître cette nouvelle, pour lutter contre le racisme.*

Toujours en train de gueuler, d'éructer, d'agonir ! Derrière son dos, ça fusait, les insultes : « Le porc ! l'ordure ! le führer !… » Impossible de tenir autrement. Les courbettes par-devant, les salamalecs[1], le miel, le cirage. Et l'antidote dès la porte franchie. Apprendre à sourire dans le vide en serrant les dents. Le pire, c'était les premiers temps, quand on arrivait à son service, alléché par le salaire de mille dollars nourri-logé... Il vous laissait approcher en vous regardant de ses yeux morts et vous plaquait les mains sur le visage, vérifiant l'ourlé des lèvres, l'épatement du nez, le grain de la peau, le crépu des cheveux.

Au moindre doute le vieux se mettait à hurler de dégoût :

– Enfants de p.........., virez-moi ça, c'est un Noir !

Le type y allait de sa protestation :

– Non, monsieur, je vous jure...

Mais ça ne servait à rien. Il repartait plein d'amertume, un billet de cent dollars scotché sur la bouche, incapable de comprendre qu'il était tombé du bon côté et que l'horreur attendait les rescapés surpayés de la sélection.

L'aveugle habitait un château construit à flanc de colline, à quelques kilomètres de Westwood, et toute la communauté vivait en complète

1. Signes excessifs de politesse.

autarcie[1] sur les terres environnantes, cultivant le blé, cuisant le pain, élevant le bétail. Le vieux ne s'autorisait qu'un luxe : l'opéra et les cantatrices blanches qu'il faisait venir chaque fin de semaine et qui braillaient toutes fenêtres ouvertes, affolant la basse-cour.

Il ne dormait pratiquement pas, comme si l'obscurité qui l'accompagnait depuis sa naissance lui épargnait la fatigue. Ses gens lui devaient vingt-quatre heures quotidiennes d'allégeance[2]. Le toubib[3] vivait en état d'urgence permanent et tenait grâce aux cocktails de Valium et de Témesta qu'il s'ingurgitait matin midi et soir. Le vieux prenait un malin plaisir à l'asticoter[4], contestant ses diagnostics, refusant ses potions.

Ces persécutions n'empêchèrent pas le docteur d'avertir son patient de la découverte d'un nouveau traitement qui parvenait à rendre la vue à certaines catégories d'aveugles. Le vieux embaucha une douzaine d'enquêteurs aryens[5] et leurs investigations établirent que le procédé en question ne devait rien aux Noirs.

On fit venir à grands frais la sommité[6] et son bloc opératoire. Le vieux se coucha de bonne grâce sur le billard et s'endormit sous l'effet du Pentothal. Il se réveilla dans le noir absolu et demeura trois longs jours la tête bandée, ignorant si ses yeux voyaient ou non.

Le chirurgien retira enfin les pansements. Le vieux ouvrit prudemment les yeux et poussa un cri terrible. Un Noir à l'air terrible lui faisait face. Il se tourna vers le chirurgien, terrorisé.

– Qu'est-ce que ça veut dire ! Foutez-le dehors...

---

1. Autonomie, autosuffisance.
2. Obligation d'obéissance.
3. Médecin.
4. Agacer.
5. Pour les nazis, relatifs à la race supérieure blanche.
6. Expert renommé.

Le toubib, qui nettoyait les instruments, s'approcha doucement de lui, posa la main sur son épaule et l'obligea à regarder droit devant lui :

– Alors il faut que vous sortiez... Ce que vous avez devant vous s'appelle une glace, monsieur : ceci est votre reflet.

Julia Pascual (née en 1985)

« Besoin de fric ? Tue un Noir ! », © *Causette*, 27 décembre 2014

Le 9 août 2014, Michael Brown, un jeune homme noir américain de 18 ans, est abattu de six balles par Darren Wilson, un policier de Ferguson (Missouri). Le jeune homme, non armé, aurait ignoré les demandes du policer qui lui reprochait de ne pas marcher sur le trottoir. D'immenses émeutes ont alors éclaté dans la ville.

Il y a une justice ! Darren Wilson, jeune policier irréprochable de la ville de Ferguson (Missouri), a finalement obtenu réparation pour l'injuste traumatisme subi : traité de raciste, d'incapable, harcelé par un battage médiatique constant, ce grand blond qui n'avait rien fait d'autre que son job a vécu l'enfer. Tout ça parce que, le 9 août dernier, il avait préventivement collé une balle dans la tête d'un jeune Noir extrêmement dangereux, puisque soupçonné de vol à l'étalage.

Nous étions donc chagrinées, à *Causette*, de le voir si malheureux, livré à la vindicte[1] de la nation américaine. Heureusement, le 24 novembre, il a été disculpé. « *L'officier de police Darren Wilson*

1. Ressentiment, vengeance.

n'encourra pas de poursuites criminelles pour avoir tué Michael Brown. » Un gros titre qui fait son effet.

Mais, même soulagées, nous sommes allées chercher la petite bête : comment le pauvre Darren va-t-il entretenir sa petite famille maintenant qu'il a démissionné ? On vous rassure tout de suite : entre la collecte lancée par la police de la ville de Ferguson et le groupe *We Are Darren Wilson*, créé par une anonyme sur Internet – véritable exemple de compassion et de solidarité comme on les aime –, l'ex-flic est désormais riche d'au moins 500 000 dollars (400 000 euros). Pour la créatrice du groupe de soutien, le gain final de Wilson pourrait atteindre le million. Sa victime, elle, n'a plus besoin d'argent.

Tania de Montaigne (née en 1971)

L'Assignation, Les Noirs n'existent pas, © Éditions Grasset & Fasquelle, 2018

Dans son ouvrage où elle analyse les clichés du racisme ordinaire, Tania de Montaigne construit, peu à peu, une réponse à la question qu'elle pose tout au long du livre : « Oui, mais qu'est-ce qu'une Noire ? »

Un « meuble » est aussi un corps qui court, mais, ne nous y trompons pas, les Noirs ne courent vite que depuis très peu de temps. Jusqu'au milieu du vingtième siècle, ils couraient très lentement, du moins, beaucoup plus lentement que les Blancs. « Les nègres ont également moins de vigueur musculaire », complétait Gobineau[1]. Ce qui est passionnant, c'est de lire aujourd'hui les commentaires sportifs d'hier et d'y

1. Arthur de Gobineau (1816-1882), auteur de l'*Essai sur l'inégalité des races humaines*.

voir l'assurance qu'un Noir ne peut évidemment pas gagner une course ou toute autre compétition sportive, justement parce qu'il est Noir et que sa Nature l'en empêche. Au début du vingtième siècle, Edwin Henderson, professeur noir d'éducation physique, cherche à introduire le basket dans la communauté noire de Washington avec un but politique avoué : réfuter les clichés racistes sur l'infériorité congénitale[1] des Noirs. À cette époque, il est évident pour tous que les Noirs ne pourront jamais être de bons sportifs car, non seulement ils souffrent de faibles capacités pulmonaires, mais ils ont aussi une structure particulière du pied, de la jambe et de la cuisse qui les empêche de courir ou de sauter, sans compter un manque d'endurance et de coordination. Pour tous, les Noirs ont quelque chose en moins.

Étonnant de lire les plaidoiries d'Edwin Henderson pour contrer ces clichés, alors qu'à présent il ne se passe pas un jour sans qu'il nous soit rappelé que, si un Blanc ne gagne pas une course face à des athlètes Noirs, c'est bien normal, puisque la Nature du Noir, c'est justement d'être endurant, de courir vite, de sauter haut, de dribbler loin.

Si l'on tape « pourquoi les Noirs courent vite », dans l'onglet d'un moteur de recherche, on trouve des forums, bien sûr, des discussions, les opinions des uns et des autres :

« Il me semble que c'est une histoire de placement du nombril qui est légèrement différent chez les Noirs. »

« Ils ont un muscle en plus. »

1. Innée, naturelle, de naissance.

« Ils ont des mollets plus fins c'est pour ça qu'ils sont bons sur des courtes distances mais tu verras jamais de Noir gagner des grands treks[1] de 150 km en montagne. »

« Ils ont une déviation de la cheville différente. »

« Ils ont des jambes plus longues que le torse. »

Les Noirs ont donc, désormais, quelque chose en plus. [...]

Je me souviens, il y a quelques années, d'un dîner où une personne blanche très bien intentionnée m'avait expliqué que, scientifiquement, tout ça ne faisait aucun doute, « les Noirs ont le gène du sprint, ça a été prouvé ». Autour de la table, des convives blancs et non blancs acquiesçaient. Un homme noir a même fièrement ajouté : « C'est vrai qu'on court vite ! » Moi qui l'avais vu courir peu de temps avant, j'ai regretté vivement de n'avoir pas filmé la scène qui aurait pu servir de démenti cinglant à toute théorie sur la supériorité des Noirs dans la course. Cette pensée m'a traversée, puis la conversation a repris, et la personne blanche bien intentionnée, se tournant vers moi, un sourire bienveillant aux lèvres, a dit : « Vos muscles sont beaucoup plus lourds, c'est pour ça que vous n'êtes pas bons en natation. » J'apprenais donc, dans le même temps, que je courais vite mais nageais mal. À cette époque, toutes les télévisions du monde avaient le regard tourné vers les Jeux olympiques. J'y avais vu, au détour d'une retransmission, une jeune nageuse française, pas franchement blanche, y remporter avec ses camarades la médaille de bronze du relais quatre fois deux cents mètres nage libre...

Pour le moment, disons qu'un « meuble » est un corps « typiquement africain, qui court vite mais nage mal ».

---

1. Randonnées.

Drew Sheneman (né en 1975)

« That's offensive! » [C'est offensant !], 30 septembre 2016, © Tribune Content Agency

En septembre 2016, aux États-Unis, pour protester contre les violences policières envers les Noirs, le footballeur américain Colin Kaepernick s'agenouille lors de l'hymne américain. Son geste symbolique, aussitôt imité par les combattants antiracistes, est critiqué comme étant antipatriotique. Ce geste sera repris en mai 2020, à l'occasion de la mort de George Floyd.

Après-texte

POUR COMPRENDRE

Étapes 1 à 8 144

Questions sur l'œuvre et notions à connaître

INFORMATION/DOCUMENTATION

Bibliographie, filmographie 158

Lire

Martial, *Épigrammes* (p. 9-12)

1 Quelles épigrammes s'en prennent au physique de leur cible ?

2 Commentez la manière qu'a le satiriste de s'adresser directement ou indirectement à celui ou celle qu'il attaque.

Roger de Bussy-Rabutin, « Portrait de Madame de Cheneville » (p. 12-15)

3 Montrez que le portrait (physique et moral) de Madame de Cheneville justifie l'affirmation qu'« elle est inégale » (p. 13, l. 4-5).

4 Quels défauts du caractère de Madame de Cheneville sont mis en avant dans ce portrait ?

5 P. 14-15, l. 44-57 : quels traits de caractère les anecdotes révèlent-elles ?

Molière, *L'Avare* (p. 16-18)

6 P. 17, l. 13-31 : quelles sont les sources des récits rapportés par maître Jacques ? Commentez les pronoms utilisés pour les désigner.

7 Qu'ont d'exagéré les histoires que l'on raconte au sujet de l'avarice d'Harpagon ?

Jean de La Bruyère, « De l'Homme » (p. 18-19)

8 De quels travers Gnathon souffre-t-il ?

9 Montrez que la juxtaposition des propositions renforce l'efficacité du portrait satirique.

Marivaux, *L'Île des esclaves* (p. 20-23)

10 Pourquoi est-il important que le portrait satirique se fasse, selon Trivelin, « devant la personne qu'on peint » (p. 20, l. 2-3) ?

11 Selon Cléanthis, quels sont les défauts d'Euphrosine ?

Touchatout, « Léopold II » (p. 23-28)

12 Selon Touchatout, quel est le principal trait de caractère du roi Léopold II ? Relevez les mots du champ lexical correspondant.

13 P. 26-27 : relevez une anecdote comique, une comparaison peu flatteuse et une métaphore au sujet du monarque.

Moloch, « Émile Zola » (p. 28-29)

14 Montrez que cette image est la caricature d'un écrivain et qu'elle attaque avec virulence le naturalisme.

Écrire

15 Madame de Sévigné, s'étant reconnue dans le portrait de Madame de Cheneville, écrit à son cousin pour lui exprimer sa colère et son mécontentement et, à son tour, elle en fait un portrait rapide et féroce. Rédigez cette lettre.

16 Imaginez puis rédigez une courte scène dans laquelle deux voisins d'Harpagon (Cléontine et Le

Sylvestre) se moquent de son avarice en présence de maître Jacques. Ils sont interrompus à la fin par la venue d'Harpagon et sa réplique : « Que l'on déguerpisse de chez moi, pendards de valets ! »

17 Rédigez une suite au portrait de Gnathon, où le personnage s'illustrera dans de nouvelles situations.

Chercher

18 Qu'est-ce qu'un « honnête homme » au XVIIe siècle ?

Oral

19 Lisez à plusieurs et à voix haute le dialogue de *L'Île des esclaves*.

20 Quel portrait vous semble le plus féroce ? Pourquoi ?

À SAVOIR

BRÈVE HISTOIRE DE LA SATIRE

La satire n'existe pas comme genre **dans l'Antiquité grecque.** Elle apparaît cependant à **travers la comédie qui s'attaque aux mœurs publiques et à la politique.** Ainsi, cette « peinture du vice et du ridicule, en simple discours ou action », selon la définition de Marmontel, se retrouve dans des pièces d'**Aristophane** (*Les Nuées, Les Guêpes*).

C'est la **littérature latine** qui lui donne véritablement naissance, à travers les écrits d'**Horace**, de **Martial**, de **Juvénal**, nourris des **lieux communs et des stéréotypes sociaux** qu'ils observent chez leurs contemporains. **Attaque personnelle ou critique des travers de la société, la satire s'insinue dans tous les genres.** Au **Moyen Âge**, on la retrouve dans les **fabliaux** et dans ***Le Roman de Renart***, puis, **à partir de la Renaissance**, dans les **récits** (Rabelais), **contes, poèmes** et **comédies.** Les fables de **La Fontaine**, les pièces de **Molière**, les contes philosophiques de **Voltaire**, les récits de **Swift** sont autant de repères temporels de la satire.

Au **XIXe siècle**, alors que **Victor Hugo** en fait une arme pour dénoncer le second Empire, **la satire est omniprésente dans la presse.** Elle ne l'a, dès lors, plus quittée, attisée par les grands événements (séparation de l'Église et de l'État, Première Guerre mondiale, montée des totalitarismes, etc.). **La satire sociale et politique fait partie du quotidien.** Moins fortement présente dans la littérature d'aujourd'hui (**Nothomb, Tesson, Daeninckx**), **souvent incomprise et diabolisée**, elle reste **le rempart aux excès de notre société.**

Lire

Nicolas Boileau, « Sur l'Homme » (p. 30-32)

1 P. 30, v. 5-14 : montrez que l'opinion du poète est étonnante et paradoxale.

2 P. 30-32, v. 15-56 : quels sont les trois principaux reproches de Boileau envers les hommes ?

Mark Twain, « La place de l'Homme dans le monde animal » (p. 33-41)

3 Quelle thèse Mark Twain défend-il dans son texte ? Montrez qu'il adopte une « méthode scientifique » (p. 33, l. 12) pour l'examiner.

4 Faites la liste des travers de l'Homme et montrez qu'il est ainsi inférieur aux animaux.

5 Ce texte est également une satire des pouvoirs politiques et religieux. Prouvez-le.

George Orwell, « Le discours de Sage l'Ancien » (p. 41-45)

6 De quel constat Sage l'Ancien part-il pour s'adresser à ses camarades ?

7 P. 43-44, l. 35-70 : par quels noms Sage l'Ancien désigne-t-il l'Homme ? Cherchez l'étymologie de chacun.

8 Montrez que la persuasion entre dans la démarche argumentative de Sage l'Ancien.

Honoré Daumier, « Voyez M. Mayeux… » (p. 45)

9 Analysez cette caricature en montrant quels procédés sont utilisés pour la satire de l'Homme.

Écrire

10 Les défauts de l'être humain exposés par Boileau sont-ils toujours actuels ? Quels autres comportements pourrait-il blâmer aujourd'hui ? Inventez, en vers ou en prose, une suite à cette satire.

Oral

11 Lisez à voix haute le discours de Sage l'Ancien (p. 41-42, l. 1-34), de manière à mettre en valeur les procédés de l'éloquence.

À SAVOIR

CONVAINCRE ET PERSUADER

Argumenter, c'est faire appel à **deux stratégies complémentaires** :
– **convaincre,** c'est-à-dire **utiliser des arguments,** faire appel à la **logique** et à la **raison** du destinataire ;
– **persuader,** ce qui consiste à employer un **discours expressif** afin de transmettre des **émotions** au destinataire et le faire adhérer à sa cause.

Lire

Molière, *L'École des femmes* (p. 46-47)

1 Quelle satire Molière fait-il d'Arnolphe ?

2 Quels sont, selon Arnolphe, les devoirs et obligations de la femme ?

3 Relevez le vocabulaire qui montre les « inégalités » entre un homme et une femme à cette époque.

4 Que suggère le vers 30 (p. 47) ?

George Sand, *Indiana* (p. 47-49)

5 Comment sont évoqués les rôles du mari et de la femme à cette époque ?

6 De quelle manière Delmare parle-t-il à sa femme ? De quelles armes Indiana dispose-t-elle ?

7 Qui sort vainqueur de cette confrontation ? Comment le voit-on ?

Séverine, « Électeurs ! » (p. 49-50)

8 De quelle manière Séverine s'y prend-elle pour défendre son opinion ?

Isabelle Alonso, « Vous êtes féministe... » (p. 51-54)

9 De quelle réputation souffrent les féministes ? Relevez les différentes idées reçues exposées par Isabelle Alonso.

10 Quelles raisons a-t-elle d'être féministe et d'inciter chacun à l'être ?

Philippe Geluck, « Boire dans des canettes... » (p. 55)

11 Expliquez ce qui fait de ce dessin une satire en faveur de l'égalité des droits entre hommes et femmes.

Écrire

12 Une des « femmes d'aujourd'hui » (p. 47, v. 30) répond à Arnolphe. Imaginez, sous la forme d'une lettre, ce qu'elle pourrait lui dire.

Chercher

13 Lisez « Femmes, soyez soumises à vos maris ! » de Voltaire, et montrez que le titre de ce texte est contredit par la maréchale de Grancey.

À SAVOIR

LES FORMES SATIRIQUES

La satire n'est pas un genre nettement défini par des traits formels. C'est pourquoi elle apparaît sous des formes littéraires appartenant à des genres variés : théâtre (Beaumarchais, Romains), récit (Voltaire, Flaubert, Montesquieu), poésie (Boileau, d'Aubigné), essai, pamphlet... On la retrouve aussi dans d'autres genres artistiques (comme le dessin de presse, la peinture, le cinéma ou la chanson...).

Lire

Jacques Sternberg, « Le Credo » (p. 56-59)

1 Quel portrait est-il fait de l'homme au début de la nouvelle ? Quel homme veut-il un jour soudainement devenir ? Relevez deux énumérations montrant l'écart entre les deux.

2 De quelle manière prend-il sa vie en main ? Montrez qu'il devient un autre.

3 Pour quelle raison la femme qu'il rencontre le quitte-t-elle brutalement ? Commentez.

4 Que dénonce cette nouvelle ?

Amélie Nothomb, *Acide sulfurique* (p. 60-65)

5 P. 60, l. 12 : « qui sont les plus coupables ? » Reformulez les arguments des prisonniers au sujet de cette question.

6 Quelles solutions sont proposées pour faire monter l'audience de « Concentration » ?

7 Par quels moyens Amélie Nothomb fait-elle la satire de la téléréalité ?

Sylvain Tesson, « Les porcs » (p. 65-75)

8 P. 66, l. 19-21 : comment le Dorset est-il passé du « paradis » à l'« enfer » ?

9 Comment la maltraitance envers les porcs se manifeste-t-elle dans cette histoire ?

10 P. 70-72, l. 121-160 : qui est Herbert Jackson ? Reformulez les arguments du directeur du syndicat et ceux que lui opposent le personnage.

11 P. 74, l. 202 : « Le plastique protège la conscience. » Commentez cette phrase.

12 Comment le narrateur prend-il conscience de la situation ? Que lui arrive-t-il à la fin de l'histoire ? A-t-il résolu le problème ?

13 Résumez les principaux aspects de la critique de l'élevage intensif dans la nouvelle.

François Morel, « Comportements puérils » (p. 76-78)

14 Quels événements déclenchent l'engagement des enfants ?

15 P. 76, l. 1-6 : quels comportements des adultes sont dénoncés ? Quel adjectif inattendu les résume ? Commentez-le.

16 Faites la liste des actions des enfants : de quoi prennent-ils conscience ?

Jean-Jacques Sempé, « Non à la société de consommation » (p. 78)

17 Quels éléments de ce dessin montrent la critique de la société de consommation ?

18 Quels procédés satiriques sont employés dans ce dessin ?

Écrire

19 En vous inspirant de la nouvelle de Jacques Sternberg, inventez, à partir de slogans publicitaires d'aujourd'hui, le quotidien d'un personnage, du réveil au coucher.

20 Selon vous, la télévision doit-elle chercher à enrichir ou à divertir le spectateur ? Rédigez un texte pour expliquer vos arguments.

21 Seriez-vous prêts à sacrifier votre confort pour la planète ? Exposez votre raisonnement.

Chercher

22 Qui est Greta Thunberg ? Relevez dans le texte de François Morel le passage qui fait allusion à la jeune fille.

Oral

23 Montrez que les textes et l'image de ce chapitre donnent le pouvoir à chacun d'en finir avec la société de consommation.

24 Quel texte de ce chapitre avez-vous préféré ? Pourquoi ?

À SAVOIR

IMPLICITE ET EXPLICITE

Un texte apporte à son lecteur des **données explicites,** c'est-à-dire des informations exprimées **avec clarté, précision et sans ambiguïté.** Ce sont ces données qui servent à repérer la chronologie des textes, leur genre ou encore certains éléments d'identification de l'énonciation. **L'implicite** est ce qui, **n'étant pas exprimé en termes clairs,** est **déduit par le lecteur. Comprendre l'implicite,** c'est **saisir la polysémie des mots,** les **connotations** (les sens associés aux mots), **le sens figuré d'une expression.** C'est aussi **identifier les présupposés, les sous-entendus et l'ironie d'un énoncé.** Le texte satirique emploie souvent l'implicite. Ainsi, dans « Le Credo », la rupture à la fin du texte est exprimée en termes implicites : « Mais ce n'est pas avec Contour Gillette que vous vous rasez, c'est avec Gillette G.II… Rien ne sera jamais possible… » (p. 59, l. 86-88). **Le lecteur suppose ce que le texte sous-entend** : la jeune femme le quitte car il n'est pas à la hauteur de ses attentes. Elle rêvait d'un mâle de son temps, et elle se rend compte qu'il est dépassé…

Lire

Montesquieu, « Le roi de France est vieux » (p. 79-81)

1 P. 79, l. 1-7 : montrez que la lettre commence par un éloge.

2 Dans le deuxième paragraphe, montrez que les « contradictions » (l. 8) du roi participent à la satire.

3 P. 80, l. 19-28 : quelle critique est faite du roi ?

Victor Hugo : trois poèmes contre Napoléon III (p. 81-88)

4 Dans « Tout s'en va », relevez le champ lexical du départ.

5 Montrez, dans le même poème, la force de l'allégorie et de la personnification. Expliquez en quoi elles servent à la satire.

6 Dans « Napoléon III », relevez les termes injurieux ou dévalorisants employés contre l'empereur.

7 Dans le même poème, montrez que la comparaison entre Napoléon Ier et Napoléon III est une manière de faire la satire du second.

8 Relevez, dans « Napoléon III », une anaphore, une métaphore, une personnification et une métonymie.

9 Quels sont les principaux moyens de la satire dans « Chanson » ?

Albert Millaud, « Le ministre en herbe » (p. 89-90)

10 Faites la liste des travers du « ministre en herbe ». Comment sont-ils moqués ?

Voltaire, « Abbé » (p. 90-92)

11 Comment Voltaire fait-il la satire du pouvoir religieux à travers la figure de l'abbé ?

Victor Hugo, « Aux prêtres » (p. 92-93)

12 P. 92, v. 1 : « Il sied de ressembler aux dieux. » Montrez que cette antiphrase initie une violente satire religieuse.

Roland Moisan, « Au musée !... le monarque » (p. 94)

13 Commentez le titre de ce dessin satirique.

Écrire

14 À la manière des *Lettres persanes*, écrivez, à travers le regard naïf d'un étranger, une lettre à un ami dans laquelle vous ferez la satire de la société française d'aujourd'hui.

15 À la lecture des textes de ce chapitre, trouvez-vous que la satire permet efficacement de critiquer le pouvoir ?

Chercher

16 Cherchez la gravure de Traviès intitulée *Atelier de la* Caricature *et du* Charivari, décrivez et analysez-la, puis présentez votre travail sur un fichier numérique.

17 Cherchez qui est Alceste, personnage du *Misanthrope* de Molière, évoqué dans le poème « Tout s'en va » de Victor Hugo (p. 81, v. 4). Expliquez sa présence dans le texte.

18 Cherchez le tableau *Portrait de Louis XIV en costume de sacre* de Hyacinthe Rigaud et comparez-le à la caricature de Roland Moisan.

Oral

19 Choisissez l'un des textes de ce chapitre et lisez-le à haute voix (individuellement ou collectivement) afin de mettre en valeur la critique du pouvoir.

À SAVOIR

LA CARICATURE

L'essor de la presse au XIXe siècle permet à la caricature de s'épanouir. Ciblant le **pouvoir politique**, la **religion**, la **justice** ou les **artistes**, ce **portrait à charge**, dont les premiers représentants sont **Honoré Daumier** (*Les Gens de justice*), **Charles Philipon** (le roi Louis-Philippe métamorphosé en poire), **Étienne Carjat** ou **Grandville**, est un moyen de **dénoncer par la satire, l'insolence et l'exagération**.
Entre libéralisme et censure, le XIXe siècle a vu prospérer de **nombreux journaux satiriques** (*La Lune, La Caricature, Le Charivari*). Déjà, en **1789** (***Révolutions de Paris***), cette forme permet la circulation des **attaques moqueuses contre le roi**, poursuivie au cours de la **monarchie de Juillet**, où **les conflits de classe et les injustices sociales sont également moquées**. Les débuts de la **Ve République** ont vu la presse satirique se développer jusqu'à nos jours (***Hara-Kiri, Siné Mensuel, Charlie Hebdo, Le Canard enchaîné***). La caricature de presse est devenue un **langage politique au service de la liberté d'expression.**

Lire

Jean de La Fontaine, « Les Animaux malades de la peste » (p. 95-98)

1 Quel est l'objectif du « conseil » tenu par le Lion ?

2 P. 96-97, v. 25-48 : examinez la culpabilité de chacun des animaux. Pourquoi sont-ils pardonnés ?

3 Quel animal est déclaré coupable ? Qu'a-t-il fait ?

4 P. 97-98, v. 56-64 : relevez les antithèses de ce passage.

5 Montrez que cette fable est la satire d'une justice inique.

Voltaire, « Le nègre de Surinam » (p. 98-99)

6 De quelle manière Voltaire dénonce-t-il l'esclavage dans ce texte ?

7 P. 99, l. 12 : « C'est à ce prix que vous mangez du sucre en Europe. » Commentez cette phrase.

Émile de La Bédollière, « Cour criminelle de justice animale » (p. 100-107)

8 P. 100-101, l. 11-38 : comment le choix des animaux présents au tribunal participe-t-il à la satire judiciaire ? Que dire des « deux Tortues » (p. 103, l. 64) ?

9 P. 102, l. 54-60 : commentez ces diverses arrestations.

10 P. 103-104, l. 80-98 : que pensez-vous du discours de la Fourmi ? Relevez une antiphrase pour le qualifier. Quel effet produit-il pourtant sur l'auditoire ?

11 P. 106-107, l. 136-175 : relevez toutes les preuves de l'innocence du Loup. Pourquoi a-t-il été condamné à mort ?

Georges Courteline et Jules Lévy, *Le commissaire est bon enfant* (p. 108-112)

12 Quels sont les principaux traits de caractère du commissaire ?

13 En quoi cette scène est-elle absurde ? Que dénonce-t-elle ?

Honoré Daumier, « Vous aviez faim... » (p. 113)

14 Qui sont les trois personnages représentés sur cette image ? Commentez leur posture et l'expression de leur visage.

15 Pourquoi peut-on dire que les propos du magistrat sont cyniques ?

Étude de la langue

16 Relevez, dans la fable de La Fontaine (p. 96, v. 30-33), les connecteurs logiques, en précisant le lien logique qu'ils expriment. Faites la même chose avec le texte de Voltaire (p. 99, l. 13-23).

17 P. 107, l. 161-175 : relevez les participes passés de ce passage et justifiez leur terminaison.

Écrire

18 Un Chien, fidèle ami du Loup condamné à mort dans le texte d'Émile de la Bédollière, convaincu de son innocence, décide d'écrire une lettre au procureur dans laquelle il présente les arguments qui disculpent le loup et dénonce l'injustice de la Cour de justice animale. Rédigez cette lettre.

19 Imaginez une suite à la scène du *Commissaire est bon enfant* en introduisant la femme de Breloc, venant signaler la disparition de son mari.

Chercher

20 Recherchez une autre caricature de la justice par Honoré Daumier. Présentez-la sur une page de traitement de texte (description, commentaire, justification de votre choix).

Oral

21 Lisez à voix haute, et à plusieurs, la fable de La Fontaine « Les Animaux malades de la peste ».

22 Mettez en scène et jouez le dialogue du *Commissaire est bon enfant*.

À SAVOIR

L'EXPRESSION DES RELATIONS LOGIQUES

Il existe principalement **cinq relations logiques** : la **cause**, la **conséquence**, le **but**, la **condition** et l'**opposition.** On peut exprimer une relation logique au moyen de groupes introduits ou reliés par :

– des **prépositions** (*grâce à, pour, en dépit de*), ex. : « L'autorité a pris des mesures **pour** prévenir le désordre » (p. 105, l. 127) (**but**) ;

– des **conjonctions de subordination** (*parce que, pour que, si bien que, alors que*), ex. : « La justice informa **si** bien, **qu'**elle incarcéra deux Moutons » (p. 102, l. 54) (**conséquence**) ;

– des **adverbes** (*cependant, alors, c'est pourquoi*), ex. : « On a **cependant** bien des motifs d'en douter » (p. 39, l. 162-163) (**opposition**) ;

– des **conjonctions de coordination** (*mais, ou, et, donc, or, ni, car*), ex. : « Ils ne mouraient pas tous, **mais** tous étaient frappés » (p. 95, v. 7) (**opposition**), « Oh ! je pars avec toi, pitié, **puisque** tu saignes ! » (p. 82, v. 15) (**cause**).

Ces relations logiques peuvent aussi être sous-entendues par la **juxtaposition des propositions** (ex. : « Rien que la mort n'était capable / D'expier son forfait : on le lui fit bien voir », p. 98, v. 61-62, **conséquence**) ou bien **par une propositions subordonnée relative** (ex. : Le loup, **qui** était un peu clerc, prouva par sa harangue que l'âne était coupable, **cause**).

Lire

Voltaire, *Le Monde comme il va* (p. 114-117)

1 P. 115, l. 14-34 : pourquoi peut-on dire que la guerre entre les armées persane et indienne est absurde ?

2 Quelle est la cause de la guerre ? Montrez qu'elle a des conséquences terribles.

3 Résumez en quelques mots la satire de la guerre faite par Voltaire dans ce texte.

Pierre Desproges, « Et l'intelligence, c'est du poulet ? » (p. 117-118)

4 Quelle thèse Pierre Desproges cherche-t-il à défendre dans ce texte ?

5 Quel exemple donne-t-il pour appuyer sa démonstration ? Correspond-il vraiment à la thèse défendue ? Expliquez.

6 P. 118, l. 20 : commentez l'interrogation finale du texte.

7 De quoi parvient-il à convaincre le lecteur ? Reformulez la thèse.

Jean Echenoz, *14* (p. 118-121)

8 Quelles cibles sont pointées par la critique du narrateur ? Montrez que le tableau de la guerre est pathétique et risible.

9 P. 120, l. 49 : « cet opéra sordide et puant ». Quelle figure de style est utilisée pour évoquer la guerre ? Comment le narrateur l'explique-t-il à la fin du texte ? P. 119-120, l. 23-33 : relevez deux expressions du même champ lexical.

Raphaël Confiant, *Le Bataillon créole* (p. 121-125)

10 Quels aspects de la guerre sont condamnés dans ce texte ?

11 Quels sont les différents sentiments qui traversent Lucien tout au long du texte ? Les comprenez-vous ?

12 Montrez que le texte est aussi une critique du colonialisme.

Patrick Chappatte, « 1914-1918 : la boucherie » (p. 125-126)

13 Que représente la statue sur ce dessin ? Commentez l'arrière-plan de l'image.

14 Quelle figure de style est utilisée pour évoquer la guerre ?

Étude de la langue

15 P. 114-115, l. 9-11 (de « Mais » à « partial »), l. 17-20 (de « Il lui parla » à « qui je serve ») : transformez les paroles rapportées au discours direct de manière indirecte et inversement.

16 P. 119-120, l. 1-33 : relevez et classez les adverbes de ce passage.

Écrire

17 Quelle est, selon vous, la manière la plus efficace pour dénoncer la guerre ? Utiliser la satire ou en montrer l'horreur ? Développez votre réponse en plusieurs paragraphes argumentés.

18 Pour le journal du collège, vous devez écrire un article présentant le texte du chapitre « Dénoncer la guerre » qui vous a le plus touché. Après l'avoir remis en contexte, vous expliquerez vos raisons.

Chercher

19 Recherchez le chapitre III de *Candide* de Voltaire. Comparez-le avec l'extrait du *Monde comme il va*.

20 Trouvez un autre texte évoquant la Première Guerre mondiale. Présentez-le en le faisant précéder d'une introduction, de notes et d'une illustration légendée.

Oral

21 Lisez à voix haute le texte de Pierre Desproges (p. 118), en insistant sur une intonation sarcastique et ironique.

À SAVOIR

IRONIE ET ANTIPHRASE

L'**ironie** est un **procédé du registre satirique** qui consiste à **faire entendre le contraire de ce que l'on énonce**. Elle est l'arme favorite des satiristes. En effet, comme elle nécessite la **complicité du lecteur**, elle crée une **connivence intellectuelle qui rend efficace la satire**. Elle est un trait caractéristique du style de certains écrivains, comme Voltaire ou Montesquieu, qui en font souvent une **arme de dérision**. « De l'esclavage des nègres » (p. 127-128) est ainsi à comprendre comme un discours ironique, Montesquieu adoptant la posture de l'esclavagiste pour en dénoncer les abus.
L'ironie use beaucoup de l'**antiphrase** (la figure de style de l'ironie, celle par qui le sous-entendu ironique passe) : le « rapport clair et concluant » de la Fourmi, dans le texte de La Bédollière (p. 104, l. 99) est tout sauf clair et concluant puisque le texte qui précède montre une accumulation de termes scientifiques incompréhensibles, noyée dans une explication confuse.
L'ironie se sert également d'autres outils linguistiques et discursifs : le **faux éloge**, du **contraste**, l'**euphémisme**, la **périphrase**, la **métaphore**, le **raccourci**, ou encore l'**onomastique** (c'est-à-dire l'étude des noms propres, ex. : le nom de l'esclavagiste du texte de Voltaire, M. Vanderdendur, dans lequel on entend « vendeur, dent dure », p. 98, l. 6).

Lire

Montesquieu, « De l'esclavage des nègres » (p. 127-128)

1 Qualifiez chacun des arguments employés dans le texte (argument économique, historique…).

2 Reformulez la thèse et les arguments exposés dans le texte.

3 Montrez que les arguments de ce texte sont parfois absurdes, et qu'ils servent le discours ironique de Montesquieu.

René Goscinny, « Je ne suis pas raciste, mais… » (p. 128-130)

4 P. 129-130, l. 7-31 : en quoi les paroles relevées sont-elles des « formules sournoisement amicales » (l. 5-6) ? Quels sous-entendus et clichés racistes contiennent-elles ?

5 Pourquoi les « précautions oratoires » (p. 130, l. 32) sont-elles « exagérées » (l. 32) et absurdes ?

Luis Rego, « La journée d'un fasciste » (p. 131-135)

6 P. 131-132, l. 10-17 : la société décrite est-elle une « société parfaite » ? Expliquez.

7 Relevez les principaux traits de la caricature du nazi.

8 P. 135, l. 112 : commentez la dernière phrase du texte.

Didier Daeninckx, « Le reflet » (p. 136-138)

9 Quelle est l'infirmité de cet homme ?

10 Pourquoi touche-t-il les visages des employés avant de les embaucher ?

11 Expliquez la fin inattendue de cette nouvelle.

Julia Pascual, « Besoin de fric ? Tue un Noir ! » (p. 138-139)

12 Relevez les passages ironiques du texte.

13 Que dénonce Julia Pascual dans son article ?

Tania de Montaigne, *L'Assignation, Les Noirs n'existent pas* (p. 139-141)

14 De quelle manière Tania de Montaigne arrive-t-elle à démonter les idées reçues sur les Noirs ?

15 P. 141, l. 53-54 : commentez cette définition.

Drew Sheneman, « That's offensive! » (p. 142)

16 Quelle est la posture des trois personnages représentés sur l'image ?

17 Inventez une légende à ce dessin.

Écrire

18 Quels textes de ce chapitre font parler des racistes ? Dans quel but ?

Chercher

19 Qui est Joséphine Baker, « la chanteuse africaine » évoquée p. 130, l. 46 ?

20 Qu'est-ce qu'Amnesty International (p. 134, l. 77-78) ?

À SAVOIR

L'HYPERBOLE ET AUTRES FIGURES DE STYLE

Les figures de style (ou **figures de rhétorique**) **sont des procédés stylistiques qui créent une image mentale** dans la tête du lecteur **ou qui agissent sur la construction d'une phrase** dans le but de produire un effet particulier.

Les plus célèbres sont la **comparaison** et la **métaphore** (ex. : « soliveau couronné », p. 27, l. 94), qui appartiennent aux **figures de ressemblance**. On rencontre également souvent la **périphrase**, la **métonymie**, la **personnification** ou encore l'**antithèse**.

Dans le texte satirique, elles sont utilisées pour **rendre le propos plus efficace, plus rythmé, plus fort** et contribuent à l'intensité de l'attaque.

Ainsi, l'**hyperbole**, qui fait partie des figures de l'**insistance** et de l'**exagération**, consiste à grossir l'expression, à amplifier le propos pour le rendre plus fort. Ex. : « D'affreux temples, ayant pour prêtres **des bouchers**, / Sont l'habitation de ton Dieu, corybante » (p. 93, v. 8-9) ; la représentation de De Gaulle dans la tenue de sacre de Louis XIV (p. 94).

L'énumération (ou **accumulation**) permet aussi, au moyen d'une **liste de termes ou d'expressions**, de montrer l'abondance ou l'exagération. Ex. : « et jamais on ne parle de vous que sous les noms **d'avare, de ladre, de vilain et de fesse-mathieu** » (p. 17, l. 29-31). La **gradation** en est une variante, en cela qu'elle classe les termes afin de créer une progression, ascendante ou descendante. Ex. : « Parvenir au stade suprême : celui **d'homme de son temps, de mâle, de héros de tous les jours** » (p. 57, l. 27-28).

On trouve également l'**anaphore**, qui est un procédé de répétition (un même mot, une même expression sont répétés en début de phrase ou de vers). Ex. : « **C'est pour toi** » répété cinq fois dans le texte de Victor Hugo (p. 85, v. 12-23).

Enfin, parmi les autres figures d'insistance et d'exagération, on trouve le **parallélisme de construction**, par lequel on met en valeur une idée par la répétition de la structure syntaxique. Ex. : « Tu t'es soudé, chargé d'un vil butin, / Toi, **l'homme du hasard**, à **l'homme du destin** ! » (p. 86, v. 37-38).

INFORMATION/DOCUMENTATION

BIBLIOGRAPHIE

• Littérature satirique

Agrippa d'Aubigné, *Les Tragiques*, 1616.
Molière, *Les Précieuses ridicules*, 1659.
Jean de La Bruyère, *Les Caractères*, 1688.
Montesquieu, *Lettres persanes*, 1721.
Jonathan Swift, *Modeste proposition*, 1729.
Voltaire, *Candide*, 1759.
Victor Hugo, *Les Châtiments*, 1852.
Auguste de Villiers de L'Isle-Adam, « Deux augures », *Contes cruels*, 1883.
Guy de Maupassant, « Tribunaux rustiques », *Monsieur Parent*, 1886.
Georges Courteline, *Messieurs les ronds-de-cuir*, 1891.
Alfred Jarry, *Ubu roi*, 1896.
Jules Romains, *Knock*, Gallimard, 1923.
George Orwell, *La Ferme des animaux*, 1945, Éditions Champ Libre, 1981.
Michel Tremblay, « Petits Chinois à vendre », *Bonbons assortis*, Actes Sud, 2002.
Philippe Geluck, *Geluck pète les plombs*, Casterman, 2018.
François Morel, *Je n'ai encore rien dit*, Denoël, 2019.

• Sketches satiriques

Guy Bedos et Sophie Daumier, « Vacances à Marrakech », 1975.
Coluche, « Le flic », 1975.
Pierre Desproges, « Les rues de Paris ne sont plus sûres », 1986.
Florence Foresti, « J'aime pas les garçons », 2004.
Guillaume Bats, « Venez comme vous êtes », 2012.
Jérémy Ferrari, *Hallelujah bordel !*, 2013.
Ahmed Sylla, « Le bébé gay (la théorie du genre) », 2015.
Patrick Timsit, *On ne peut pas rire de tout*, 2015.

• Chansons satiriques

Boris Vian, « La complainte du progrès », *Chansons possibles et impossibles*, 1955.
Barbara, « Si la photo est bonne », *Le Mal de vivre*, 1965.
Renaud, « Miss Maggie », *Mistral gagnant*, 1985.
Zebda, « Le Bruit et l'Odeur », *Le Bruit et l'Odeur*, 1995.
Alain Souchon, « Parachute doré », *Écoutez d'où ma peine vient*, 2008.

Orelsan, « Tout va bien », *La fête est finie*, 2017.
Suzane, « SLT », *Toï toï*, 2020.

• Bande dessinée et dessins de presse satiriques

Philippe Geluck, « Le Chat » (23 volumes), Casterman, 1986-2020.
Riad Sattouf, *L'Arabe du futur*, Allary Éditions, 2014.
Charlie Hebdo : tout est pardonné, Les Échappés, 2015.
Collectif, *Place aux femmes*, Gallimard, 2017.
Fabrice Erre, Terreur Graphique, *Le Pouvoir de la satire*, Dargaud, 2018.
Collectif, *Ça chauffe pour la planète*, Gallimard, 2018.
Mathieu Sapin, *Comédie française : voyages dans l'antichambre du pouvoir*, Dargaud, 2020.

FILMOGRAPHIE

Charlie Chaplin, *Les Temps modernes*, 1936.
Charlie Chaplin, *Le Dictateur*, 1940.
Stanley Kubrick, *Les Sentiers de la gloire*, 1957.
Gérard Oury, *Les Aventures de Rabbi Jacob*, 1973.
Jean-Pierre Mocky, *Le Miraculé*, 1987.
Gérard Jugnot, *Une époque formidable*, 1991.
Peter Weir, *The Truman Show*, 1998.
Larry Charles, *Borat*, 2006.
Jean-Michel Ribes, *Musée haut, musée bas*, 2008.
Éric Toledano et Olivier Nakache, *Intouchables*, 2011.
Thomas Ngijol, Fabrice Éboué et Lionel Steketee, *Case départ*, 2011.
Philippe de Chauveron, *Qu'est-ce qu'on a fait au Bon Dieu ?*, 2014.
Alexandra Leclère, *Le Grand Partage*, 2015.
Mamane, *Bienvenue au Gondwana*, 2016.
Louis-Julien Petit, *Les Invisibles*, 2019.
Jean-Pascal Zadi et John Wax, *Tout simplement noir*, 2020.

Couverture
Conception graphique : Marie-Astrid Bailly-Maître et Yannick Le Bourg
Illustrations : Couverture : *Réunion de trente-cinq têtes d'expression*, huile sur bois de Louis Léopold Boilly, vers 1825 © Photo Josse/Leemage ; p. 29 et 113 : CC0 Paris Musées/Musée Carnavalet - Histoire de Paris ; p. 45 : © Fototeca Gilardi/Leemage ; p. 55 : © Casterman ; p. 78 : © J.J. Sempé Paris Musées/Musée Carnavalet - Histoire de Paris ; p. 94 : © Coll. Kharbine Tapabor/© Adagp, Paris 2021 ; p. 126 : © Chappatte, Le Temps/www.chappatte.com ; p. 142 : © 2016 Drew Sheneman All rights reserved. Distributed by Tribune Content Agency.

Intérieur
Conception graphique : Marie-Astrid Bailly-Maître et Muriel Ouziane
Édition : Lucile Réveillon
Réalisation : Nord Compo, Villeneuve-d'Ascq

Certifié PEFC
Ce produit est issu de forêt gérées durablement et de sources contrôlées
www.pefc.it
PEFC
PEFC/18-31-103

www.magnard.fr
www.classiquesetcontemporains.com

Achevé d'imprimer en Mai 2021 par Rotolito en Italie
Dépôt légal : Juin 2021 - N éditeur : MAGSI20200592